ロシア社会の信頼感

石川晃弘／佐々木正道／
ニコライ・ドリャフロフ 編

ハーベスト社

ロシア社会の信頼感：目次

緒言 ………………………………………………………… 7

序論 本書の課題と構成 ………………………………… 9
　　　　　　　　　　　　　　　　石川晃弘・佐々木正道

Ⅰ　信頼感と社会特性——日露比較 ………………………… 17
　　　　　　　　　　　　　　　　　　　　　　石川晃弘

Ⅱ　個人間の信頼・近隣関係の信頼・公的機関の信頼 ……………… 29
　　　　——旧共産主義諸国間比較
　　　　　　　　　　　　　　　　　　　ロマン・アニシモフ

Ⅲ　ロシア人の信頼感と意識構造——計量的分析 …………………… 49
　　　　　　　　　　　　　　　　　　　　　　佐々木正道

Ⅳ　信頼感の持ち主と不信感の持ち主 ……………………………… 79
　　　　——その社会的・心理的特徴の比較分析
　　　　　　　アッラ・クプレイチェンコ／イリーナ・メルシヤノヴァ

Ⅴ　公的機関に対する信頼と抗議——チュメン州の調査から ……… 101
　　　　　　グルナラ・ロマシュキナ／ウラヂミール・ダヴィデンコ／
　　　　　　　　　　　　　　　　　　　ナタリア・セモヴァ

Ⅵ　ロシア社会の信頼類型——歴史的背景と現実の動態 …………… 121
　　　　　　　　　　　　　　　ユーリ・ヴェセロフ

Ⅶ　経済意識からみた信頼の動態——時系列的比較分析 ……………　163
　　　　　　　　　　　　　　　ジャン・トシチェンコ

Ⅷ　腐敗と信頼——ロシアと脱共産主義諸国の事例 ………………… 177
　　　　　　　　　　リュドミラ・シモノヴァ／ドミトリー・ルデンコ

Ⅸ　ロシアのビジネス慣行——腐敗と信頼の諸問題 ………………… 191
　　　　　　　　　　　　　　　リュドミラ・シモノヴァ

Ⅹ　信頼研究と新しい社会パラダイム——現代ロシアの視点から … 203
　　　　　ニコライ・ドリャフロフ／ヤナ・ミトゥポヴァ／ヴィクトル・ポポフ

編者・執筆者紹介

編者・執筆者
佐々木正道（Masamichi Sasaki）：兵庫教育大学名誉教授，中央大学社会科学研究所客員研究員，国際社会学機構（IIS）元会長，元中央大学教授
石川晃弘：(Akihiro Ishikawa)：中央大学名誉教授，中央大学社会科学研究所客員研究員
ニコライ・ドリャフロフ（Nikolay I. Dryakhlov）：モスクワ国立大学心理学部教授

その他の執筆者（姓アルファベット順）
ロマン・アシニモフ（Roman I. Asinimov）：ロシア国立人文大学社会学部准教授
ウラヂミール・ダヴィデンコ（Vladimir A. Davidenko）：チュメン国立大学金融・経済制度研究センター長・教授
アッラ・クプレイチェンコ（Alla B. Kupreychenko）：国立研究大学経済学院教授（故）
イリーナ・メルシヤノヴァ（Irina V. Mersiyanova）：国立研究大学経済学院市民社会NPO研究センター長
サヤナ・ミトゥポヴァ（Sayana A. Mitupova）：ロシア科学アカデミー社会政治研究所研究員
ヴィクトル・ポポフ（Viktor V. Popov）：国際査定顧問アカデミー講師
グルナラ・ロマシュキナ（Gulnara F. Romashkina）：チュメン国立大学数理方法・情報技術・経営システム学部長・教授
ドミトリー・ルデンコ（Dmitry Rudenko）：チュメン国立大学世界経済国際ビジネス学部・准教授
ナタリア・セモヴァ（Natalia G. Semova）：チュメン国立大学金融経済研究所・准教授
リュドミラ・シモノヴァ（Liudomila Simonova）：チュメン国立大学世界経済国際ビジネス学部長・教授
ジャン・トシチェンコ(Zhan T. Toshchenko)：ロシア国立人文大学社会学部長・教授
ユーリ・ヴェセロフ（Yuli Veselov）：国立サンクトペテルブルク大学経済社会学部長・教授

ロシア人執筆論文の原題

Asinimov, R., Interpersonal, local and institutional trust: Experience of comparative analysis" (II章)

Kupreychanko, A. & Mersiyanova, I., "Problem of measuring social trust: Can you trust most people?" (IV章)

Romashkina, G., Davydenko, V. & Semova, N., "Trust in the institutions of authorities in the regional aspect" (V章)

Veselov, Y., "Trust in the transition" (VI章)

Toshchenko, Zh., "Trust as an indicator of economic consciousness and behavior in Russia" (VII章)

Simonova, L. & Rudenko, D., "Corruption and trust: Russia and post-communist countries" (VIII章)

Simonova, L., "Russian business practice: Issues of corruption and trust" (IX章)

Dryakhlokh, N., Mitupova, S. & Popov, V., "Trust: Development of a new paradigm in contemporary Russia and Japan" (X章)

緒言

　ロシアは日本にとって地理的には近い国であるが，感覚的には遠い国である。ロシアの小説や戯曲，クラシック音楽やバレーや民謡などは日本人に馴染みがあるが，ロシアの社会やそこに住む人びとのありのままの姿については，日本であまり知られていない。そこで本書では「社会的信頼」という角度から，ロシア社会とロシア人の意識の諸特徴を探ってみたい。
　「社会的信頼」はどこの国でも人間社会の根幹をなす関係概念である。これに関する研究は1990年代から活発になり，その成果が主に欧米において社会学，心理学，政治学，経済学などの分野で多く発表・刊行（論文は500本以上）されている。日本では2006年以降約10年間にわたって佐々木正道を主宰とする『社会的信頼の国際比較研究』が遂行され*，ロシアを含む8カ国のデータが蓄積されて，その研究成果も刊行されている。またロシア国内でもここ10年ほどの間に信頼研究が進み，その成果が多数発表されている。
　こうした研究状況の進展を踏まえて，われわれは2013年3月に中央大学社会科学研究所で『日露共同・社会的信頼研究ワークショップ』を催した。本書に収録した論文は主としてこれに寄せられたものであり，いずれもオリジナルな研究成果である。その邦訳作業は本書編者のひとりの石川が行い，もうひとりの編者である佐々木がその訳稿を校閲した。
　本書が日本におけるロシア理解の広がりと深まりに資するとともに，社会学およびその隣接諸科学における信頼研究の発展

に寄与しうるとすれば,われわれにとって望外の喜びである.

2017年5月

編 者

*この研究は主として科学研究費補助金(日本学術振興会)基盤 A (2007 年度～2010 年度)と基盤 B (2010 年度～2013 年度)の助成を受けて行われた。

序論　本書の課題と構成

石川晃弘

佐々木正道

　地理的に見て，日本にもっとも近くに位置する外国はロシアである。対馬と韓国の最短距離が約50キロ，沖縄の与那国島と台湾の最短距離が約100キロであるのに対して，北海道の宗谷岬北端とロシアのサハリン南端との距離は約43キロにすぎない。

　ロシアはこのように日本にとってもっとも近い隣国であるが，日本人の意識の中ではロシアはもっとも遠い国のひとつである。2014年に行われた内閣府の『外交に関する世論調査』(2014年) によれば，ロシアに対して「親しみを感じる」という答は20.1％にとどまり（ちなみにアメリカに対しては82.6％），「親しみを感じない」という答は74.8％にのぼる。それどころか，日本人の間には嫌露意識も根強く存在している。第2次大戦末期におけるソ連の参戦と満州や樺太における惨事，戦後のシベリア抑留，北方四島の実効支配などの記憶，さらには幕末以来の対露警戒感や冷戦体制下の反ソ・反共意識などに根差したロシアに対するマイナス・イメージが，今も日本人の多くの間で共有されていて，それが現実のロシアを見る際の基本的視座に据えられているように思われる。

　また，欧米人は近代の啓蒙主義的思考規準を人類普遍のものとして絶対化し，ロシアを見る場合もその基準に照らして「非

近代性」「非民主性」等を指摘し，否定面を強調しがちであるが，日本人にもその傾向があり，その思考規準に拠りながらロシア像をネガティブに描く傾向が見られる。

だが今，日本が経済的にも文化的にも隣国ロシアとの交流と協力を発展させようとするならば，まずは過去の歴史記憶や現在の啓蒙主義的思考を一旦脇に置いて，現実のロシア社会の動態とロシア人の行動様式・思考形態に関する客観的・実証的知見を積み重ねる必要があろう。

本書は「社会的信頼」をキーワードとした日本とロシアの社会学者の諸論文を収録している。「社会的信頼」は人びとの社会形成の基本的契機をなすものであり，社会学の根幹をなす研究課題として19世紀末以降多くの学者によって論じられてきた。特に20世紀末から今世紀にかけての急激な社会変動の中にあって，それは近年あらためて緊要な研究課題として浮上している。とりわけ1990年前後以降，ソ連の解体，社会主義の崩壊を経て社会経済の大転換の嵐の中に放り込まれたロシアでは，「社会的信頼」の構築は現実的な実践課題ともなっている。このような状況の中にあって，ここ数年，ロシアでもこの課題に対する社会学的・心理学的研究が活発化しており，国際比較データ，意識調査結果，歴史資料などの実証的分析を通して，「社会的信頼」のロシア的・現代的特質を析出する試がなされてきた。それを背景としてわれわれは『日露・社会的信頼研究ワークショップ』(中央大学社会科学研究所，2013年3月)を開催した。本書はそこに提出された論文と，その前後に執筆者自身から送られてきた原稿の中から選択した，合計10本の論文からなる。

Ⅰ章からⅤ章まではロシアにおける信頼関連の意識調査結果を数量的・統計的に分析した論稿である。

まずⅠ章とⅡ章では国際比較を通してロシア人の信頼感を描き出す。

Ⅰ章は日露比較によって日本人との対比でロシア人の社会的信頼の諸特徴を浮かび上がらせている。分析方法としては一方に「信頼感」（対友人，対他者一般，対政府），他方に「社会特性」（規範性と関係性）を置いて，両者間の関連を追究する。それによると，日本人は身近な友人に対する信頼と他者一般に対する信頼とは絡みあい，比較的広い信頼圏が形成されているが，それは政府に対する信頼とは関連しない。これに対してロシア人の場合は，友人に対する信頼は他者や政府に対する信頼とは別領域をなし，近しい友人だけの独自の信頼圏が形成されている。また，日本では社会一般を規制する普遍的価値規範が広く支持されているのに対して，ロシアでは状況依存的な行動がとられがちである。さらに，社会結社への参加は日本人の間では頻繁であるが，ロシア人の間では乏しい。

Ⅱ章では，ロシアと東欧諸国の学生層を対象として実施された意識調査の結果から，信頼感に関する旧共産主義諸国間の国際比較がなされている。ロシアでは近しい個人同士の信頼水準は高く，外部の公的機関に対するそれは低いという予測に反して，東欧諸国と比較してみるとロシアでは友人間・近隣同士の信頼感が低く，公的機関に対する信頼感は比較的高いという結果が得られた。結論として，調査対象５か国中，ロシアはウクライナとともに社会生活における個人の孤立化が最も進んでいる社会だという。筆者はその歴史的背景として，ロシアでは20世紀を通して人びとの間の人間的・非公式的な横のつな

がりが壊され,それに代わって国家が新しい公式的諸制度・諸機関を作り,崩壊した人間的共同関係の機能をそれによって代替したことをあげている。なお,ロシアにおける社会的信頼の歴史的文脈を理論的に分析する作業は後のⅥ章で展開されている。

次いでⅢ章からⅤ章までは分析対象をロシアの事例に特化し,方法としては統計的・数量的分析を用いた論稿である。

Ⅲ章は先行する膨大な信頼研究をフォローし,そこから得られた知見を基にして仮説を構成し,その仮説に準拠しながらロシア人の信頼感とそれに関連する意識内部の諸要素との絡み合いを分析している。ここでの課題はロシア人の信頼感に関連付けて意識構造の特性を描き出していくことにある。まず他者に対する信頼度から「高信頼感の人」と「低信頼感の人」を類型的に区分し,次いで両者間における個人倫理,社会規範,法意識等の異同を析出しており,そこから信頼類型別の意識傾向と行動パターンの諸特徴が明らかにされている。ここで用いられたデータは,執筆者(佐々木正道)が主宰した『社会的信頼の国際比較研究』プロジェクトの一環としてロシアで実施された意識調査(2009年)から得られたものである。

このⅢ章が意識内部の統計的・数量的な構造分析を展開したのを受けて,Ⅳ章ではその意識の担い手である個々人の特性と信頼感との関連が分析対象とされている。ここで取り上げられている個人特性は,学歴,収入,就業上の地位,居住地,民族といった社会的属性と,信仰,公民アイデンティティ,人生展望,消費嗜好など心理的性向とからなる。そして分析は単に信頼感の度合いとこれら属性の間の統計的相関を検証するだけにとどまらず,たとえば学歴を高,中,低の3グループに分けて

観察すると信頼感は高学歴層と低学歴層で高いという発見を踏まえて，しかし信頼の意味と根拠が両者間で異なるという解釈を加えている。ここでは信頼を単に量的に観察するだけでなく，質的に解釈するという，信頼研究の方法論が提起されている。

Ⅴ章では信頼の対象を個人や小集団ではなく，公的な制度的諸機関に限定している。ここでは法廷，行政，議会，政府，知事などの機関を例示して，それぞれに対する信頼度を住民意識調査によって測定している。その測定においては，公的諸機関に対する住民の信頼度を彼らの居住地区，生活感，行政サービスへの評価などとの相関からとらえる静態分析と，2006年，2009年，2011年，2013年の4時点の調査結果を追跡する動態分析とがなされている。そしてその中で，公的機関に対する抗議行動の蓋然性と信頼度の水準との関連も追究されている。データは西シベリアのチュメン州で実施された住民意識調査の結果に拠っている。

Ⅵ章は統計的意識調査から離れて，概念分析と歴史解釈からロシアにおける信頼類型の動態研究を展開し，それを踏まえてロシアの特殊的な信頼状況の現代的特質を描き出している。それによると，20世紀初期のロシア社会はまだ伝統的価値規範を原理とした農村型社会であって，それを特徴づけていたのは家父長支配の家族結合と共同体規制を土台とした地域結合であり，人びとの道徳と信頼関係は厚かった。そしてその原理は都市生活をも支配していた。社会主義革命後，一時的に価値と規範の無規制状態が生じたが，そこからは合理的信頼類型は育たず，共同体規制は全体主義に，家父長支配はカリスマ的個人崇拝に置き換えられて伝統的信頼類型が甦った。第2次大戦後の

1950年代後半から60年代にかけて個人崇拝批判と自由化キャンペーンが展開され,その一方で国民の教育水準の向上と生活欲求の高度化が進むと,家父長的指導者のカリスマ性に基づく伝統的秩序意識の根拠が瓦解したが,その後1980年代末から90年代にかけての体制転換期間を経た今なお,それに代わるべき新しい質を持った信頼類型の形成は可視的な形では捉えがたいという。この章は「社会的信頼」を脈絡としたロシア社会史の眺望を与えてくれる。

次のⅦ章は90年代から最近にいたる時代の,ロシア人の経済意識の特徴とその推移を観察している。そして各時期の経済意識が信頼の一般的,特殊的,個別的特徴にどんな刻印を与えているかについて,推論を試みている。結論として,国の経済発展という点では信頼の高まりが認められる一方,国政の生活への影響についてはむしろ信頼が低下していることが指摘されている。なお本書に収録しなかった別論文では,計画経済の行き詰まりを打破しようとして導入された市場経済のメカニズムが順調に作動せず,新自由主義による体制転換策は裏目に出て,治療を欠いたショック療法は無数のパラドックスを国民の経済意識にもたらし,国の経済と自分の生活に対する見通しのなさ,生活に関する不安と不満,そして国に対する信頼と人に対する信頼との欠如,つまり社会関係を規制する文化の崩壊がそこに見てとれると述べている (Toshchenko, Zh., 2008, "Paradox of the economic consciousness in Russia" - paper for a lecture at Chuo University)。

Ⅷ章では西欧とロシア・東欧諸国との比較を通して,後者における信頼と腐敗(汚職現象)の特質を分析している。結論として,ロシア・東欧諸国の(社会主義から資本主義への)体制移

行社会では公的・制度的環境が不確実であるため，身近な対人的関係圏と疎遠な非人格的な公的関係圏とが分離し，後者にいくほど信頼水準が低くなるが，しかし人びとにとって生活の必要上，後者との関係を欠くことはできず，そこの間隙を埋めるために汚職が必然化する，という。この章に次ぐ XI 章は企業レベルに分析の焦点を置き，そこにおける汚職現象の状況と要因を追究している。この章の原文の一部は前章と重複しているので，その部分を本章では削除してある。

　最後に掲載した X 章では，現代ロシア社会の再構築と新しいパラダイムの追求のための基本作業として，「社会的信頼」研究の必要性が提起されている。つまりロシアにおける信頼研究の課題は，ロシア社会を「前進的」に発展させるべく，ロシア的特殊性を踏まえた方法論と哲学に基づいて「ポジティブな解決策」を打ち出すことにあるとしている。そして現代の信頼研究を 5 つの流れに整理して検討し，さらに信頼を「能動的」性質のものと「受動的」性質のものとに区分して，それぞれを個人レベル，集団レベル，社会レベルで特徴づけ，現代的課題に応えるべき信頼研究は方法論的には個人レベルからではなく，社会レベルから出発すべきだとしている。

　本書は以上の章から成り立っているが，各章はそれぞれ独立した論文であるので，読者にはご自身の関心に沿って章を選び，拾い読みしていただいてもよい。いずれにせよ，本書が日本においてロシア社会とロシア人の理解を深める上で何らかの寄与ができ，かつ「社会的信頼」研究の推進に役立つのであれば，筆者にとって大きな喜びである。

Ⅰ 信頼感と社会特性
　　日露比較

石川晃弘

1. 本章の目的と分析の素材

　ロシアは日本にとって地理的にはもっとも近い国である。しかし日本とロシアとの間には，近代化の過程，国民文化，政治状況など，さまざまな点で大きな違いがある。そのような事情のもとで，日本人にとってロシアは理解しにくい国に思われがちであり，おそらくロシア人にとっても日本は理解しにくい国に違いない。こうした状況を背景として，本稿では「信頼感」に焦点を置いた比較分析を行うことによって，それぞれの国民の社会関係の特徴を探り出し，両国民の相互理解に資したい。
　ここで用いるデータは，佐々木正道が主宰する「社会的信頼の国際比較調査」プロジェクトから得ている。この調査プロジェクトは2006年に始まり，2010年から2012年にかけて世界7カ国（のちにフィンランドが加わる）で共通の設問を用いて実施された。本稿で比較分析の対象とするのは日本とロシアであるが，補足的にアメリカとドイツも一部含める。サンプル数は日本924，ロシア1,600，アメリカ1,008，ドイツ1,007である。

2. 分析の方法

分析で取り上げる基本変数は,「信頼感」と「社会特性」である。

「信頼感」に関しては3つのレベルから把握する。第1レベルは身近な第1次集団内の信頼,第2レベルはより広い社会一般における信頼,第3レベルは国家ないし公共機関に対する信頼である。具体的には,第1レベルは〈友人に対する信頼〉,第2レベルは〈他者一般に対する信頼〉,第3レベルは〈政府に対する信頼〉で代表する。

「社会特性」に関しては,以下のような社会変動の古典的パラダイム[1]から示唆を受けながら変数を構成する。

前近代社会では人びとの社会圏は同質的で小規模な閉鎖的共同体をなし,人びとはその中に全人格的に包摂されており,そこでの社会結合を保証しているのは当該社会固有の外在的規範と成員間の即自的な信頼関係であって,外部社会は警戒,不信,さらには敵意の対象とされている。やがて近代化が進むとこのような閉鎖的な社会圏の枠がしだいに緩み崩れていって,より広い範囲での交流が広がり,人びとは当該社会に固有な特殊的価値規範から解放されて個人として自立し,自分自身の関心や志向にそってそれぞれ異質な社会圏を形成していき,それを統合するものは普遍的価値規範であって,人びとの信頼関係も狭い閉鎖的な特殊的社会圏を超えたより広い範囲に拡大され

---

1 「無機的連帯から有機的連帯へ」(Durkheim, E., *De la division du travail social*, 1893),「集団の拡大と個性の発達」(Simmel, G., *Über sociale Differenzierung*, 1890),「基礎社会の拡大・縮小と派生社会の錯綜」(高田保馬『社会学概論』1922) など。

る。

　このパラダイムを手掛かりとして本稿では「社会特性」を〈関係性〉と〈規範性〉の２面で捉える。〈関係性〉は人びとが属する社会圏がどれだけ分化しているかに関わる。いいかえると、人びとがその個人的関心や志向を充たすべく自主的に結社に参加し活動しているか、という点がその指標となる。〈規範性〉は人びとの行動と社会の統合が外在的規制によるものから内面的普遍的価値規範によるものへと、どれだけ移行しているかという点が指標となる。

　それぞれの変数は、質問票の中の以下の設問に対応する。

(1)　「信頼感」

　〈友人レベル〉は「あなたは、ここにあげる人のうち、だれを信頼していますか。または信頼していましたか。あてはまる人をすべてあげてください」という設問で、親・祖父母、配偶者やパートナー、子ども、兄弟姉妹、友人、恋人、仕事仲間、親戚、隣近所の人などのそれぞれに「信頼している（いた）」かどうかを訊ね、そのうち「友人」に関して「信頼している（いた）」とした者の比率で測定する。

　〈他者一般レベル〉は「あなたは、たいていの人は信頼できると思いますか、それとも、用心するにこしたことはないと思いますか」という問いに対する「信頼できる」という回答の比率で測定する。

　〈政府レベル〉は「次にあげる事柄について、あなたはどの程度、信頼できると思いますか」という設問であげられている諸機関のうち「政府」に関して、「非常に信頼できる」か「ある程度信頼できる」に回答した者を合わせた比率で測定する。

(2)「社会特性」

　〈規範性〉は日常行動において普遍的価値規範をどの程度受容しているかにかかわる。質問票中の「『たいていの人は見つからなければ，料金を支払わないで映画館などに入る』という考え方についてあなたはどう思いますか」という問いに対して，「まったくそう思わない」か「あまりそう思わない」に回答した者を合わせた比率でそれを測定する。ちなみに「『たいていの人は，良心に照らしてというよりも，罰せられることを恐れて法律を犯すことをしない』という考え方についてあなたはどう思いますか」という設問もあるが，両国ともこれへの回答とさきの質問への回答との間には有意な相関関係がある（ピアソンの相関係数が日本で.211，ロシアで.374で，ともに1％水準で有意）ので，さきの質問（『映画館』に関する）をもって〈規範性〉の問いを代表させる。

　〈関係性〉は回答者の結社への参加度から把握する。具体的には「あなたは，現在，何らかの組織やクラブに所属していますか」という問いで，「どれにも入っていない」に回答しなかった者の比率で測定する。

3. 諸外国との比較からみた日本とロシア

　変数を以上のように操作化したうえで，まず調査対象国全体を観察し，そのなかで日本とロシアの特徴を浮かび上がらせてみる（表1をみよ）。

　「信頼感」のうち〈友人信頼〉と〈他者信頼〉では日露の水準はほぼ同位で類似している。〈友人信頼〉は日本48.3％，ロ

I 信頼感と社会特性

表1 調査対象諸国の「信頼感」と「社会特性」

	友人信頼	他者信頼	政府信頼	規範意識	結社参加
米国	68.5	44.9	55.8	23.4	61.6
日本	48.3	26.9	33.2	79.2	79.3
台湾	62.8	20.9	49.6	41.1	43.9
独	60.0	35.3	38.5	36.0	47.7
露	47.6	28.1	51.7	24.7	47.3
土	38.2	9.9	59.4	21.6	xxx
チェコ	74.1	22.3	29.5	20.1	xxx

政府：「大いに信頼」＋「やや信頼」
規範意識：「そうは思わない」＋「ややそうは思わない」
結社参加：どれかの結社に入っている。

表2 日露米独の規範意識と結社参加

		結社参加	
		多い	少ない
規範意識	高い	日本	ドイツ
	低い	米国	ロシア

シア47.6%,〈他者信頼〉は日本26.9%, ロシア28.1%で近似しており, 両国とも7か国のなかでほぼ中間的な水準にある。ところが〈政府信頼〉では両国間に明かな差があり, 日本33.2%に対してロシア51.7%で, ロシアは日本を20ポイント近く上回り, その水準は米国に近く, 7か国中で上位グループに入る。

「社会特性」をみると, 日露間に顕著な差がある。〈規範意識〉は7か国中で日本が最高であり（79.2%）, ロシアの24.7%を大きく上回る。また,〈結社参加〉でも日本は79.3%で7か国中最高位にあるが, ロシアは47.3%にとどまる。ちなみに〈規範意識〉と〈結社参加〉について日露米独4カ国の水準をおおまかに比べると, 表2にようになる。

なお, 日露米独の回答者における市民結社への参加者の比率を結社の種類別にみると, 表3のようになっている。

表3　結社の種類別にみた参加者比率

	米	日	独	露
自治会	12.0	55.1	3.8	14.5
PTA	8.6	12.7	3.6	3.8
青老婦	7.4	10.8	5.4	2.2
消防防犯	3.3	2.8	4.4	0.5
農漁林	2.8	5.3	0.6	1.6
商工	7.4	6.9	2.7	0.9
労組	7.2	7.4	6.0	7.5
スポーツ・文化	18.5	29.8	27.0	5.9
県人同窓	7.5	15.7	1.0	1.1
宗教	30.1	6.7	7.6	1.4
生協	4.0	12.1	1.1	1.5
政治	7.6	4.1	1.6	1.3
市民	5.9	2.4	2.9	0.3
環境	4.5	1.5	2.4	0.9
その他	3.6	1.3	2.5	14.1
順位	2	1	3	4

「メンバーである」の％。

表4　「信頼感」と「社会特性」の相関関係：日本

	友人	他者	政府	規範	結社
友人					
他者	.082* .014				
政府	.003 .927	.047 .168			
規範	.067* .045	-.004 .900	.009 .783		
結社	.022 .496	.038 .260	.061 .064	.034 .311	

上位の数字：ピアソンの相関係数。
下位の数字：有意確率（両側）。
**1％水準で有意，*5％水準で有意。

4.　「信頼感」と「社会特性」との間の相関関係

次に「信頼感」の3レベルと「社会特性」の2つの面の関連を，ピアソンの相関係数から捉えてみる（表4と表5を参照）。

表5 「信頼感」と「社会特性」の相関関係：ロシア

	友人	他者	政府	規範	結社
友人					
他者	.029 .262				
政府	.049 .061	.122** .000			
規範	-.011 .685	.047 .078	.014 .615		
結社	.027 .272	-.006 .819	.050 .053	.007 .785	

上位の数字：ピアソンの相関係数。
下位の数字：有意確率（両側）。
**1％水準で有意，*5％水準で有意。

　まず「信頼感」の3レベル間の関係をみると，日本では〈友人信頼〉と〈他者信頼〉とは有意に相関しているが，これら2つのレベルは〈政府信頼〉とは無相関である。これに対してロシアでは〈他者信頼〉と〈政府信頼〉が相関していて，〈友人信頼〉はこれら2レベルの信頼とは無相関である。日本では友人関係と他者関係が社会の中で同一の線上で結ばれているのに対して，政府はそれらとは別の世界に位置付けられているが，ロシアでは友人関係は独自の世界をなしていて，他者一般との関係や政府との関係はその外側の世界の事柄のようである。

　ついで「社会特性」との関係をみると，日本でもロシアでも〈結社参加〉は「信頼感」のどのレベルとも相関を見せていない。つまり，結社と関わっている人たちがそれに関わっていない人たちよりも，社会で高い「信頼感」を持っているとは必ずしもいえないのである。先にみたように結社参加の水準は日本で高くロシアで低いが，それは信頼感の水準とは別次元であるようだ。しかも，〈結社参加〉は〈規範意識〉とも相関してい

ない。市民結社への参加の広がりは、日本やロシアでは、普遍的価値規範が広く共有されることとは結びついていないとみられる。

〈規範意識〉と「信頼感」3レベルとの関係については、日本では〈規範意識〉は〈友人信頼〉と相関しているが、〈他者信頼〉や〈政府信頼〉とは無相関である。つまり、普遍的価値規範を内面化している度合いが高い者ほど友人を信頼している度合いも高いとはいえても、他者一般や政府に対する信頼感が高いとはいえない。「信頼感」の3つのレベルのうち、普遍的価値規範の意識は、友人関係における信頼の範囲に限られていて、それは他人一般への信頼にまで延びてはいないとみられる。これに対してロシアでは、普遍的価値意識は「信頼感」のどのレベルとも相関していない。ちなみにロシアでは先に触れたように普遍的価値規範の意識が低水準にあり、ロシア人の信頼感はこれとは別な論理に立脚していると思われる。

ちなみに米国ではどうか。

表6にみるように、アメリカでは「信頼感」の3つのレベル

表6 「信頼感」と「社会特性」の相関関係：米国

	友人	他者	政府	規範	結社
友人					
他者	.189** .000				
政府	.070* .028	.139** .000			
規範	.163** .000	.280** .000	.054 .094		
結社	.149** .000	.169** .000	.130** .000	.136** .000	

上位の数字：ピアソンの相関係数。
下位の数字：有意確率（両側）。
**1% 水準で有意，*5% 水準で有意。

は有意に相関している。つまり，日本のように〈友人信頼〉と〈他者信頼〉が結びついていて〈政府〉がそれとは別世界のものと位置付けられているわけではなく，またロシアのように〈友人信頼〉が〈他者信頼〉や〈政府信頼〉から独立した領域をなしているわけでもなく，アメリカでは〈友人信頼〉も〈他者信頼〉も〈政府信頼〉も相互に関連していて，同一次元に位置付けられている。

またアメリカでは「社会特性」としての〈結社参加〉と〈規範意識〉も有意に相関しており，市民結社への参加の広がりと普遍的内面的価値規範の広がりとの共時性がみられるだけでなく，そのいずれもが「信頼感」のどのレベルとも有意に相関している。この点も日本やロシアと異なる特徴である。

5. 要約と含意

以上の分析結果を要約し，「信頼感」に関する日露間の質的な差異を描き出してみたい。

「信頼感」の対象を〈友人〉，〈他者〉，〈政府〉という3つのレベルに分けて観察すると，〈友人〉と〈他者〉の信頼度の水準は日露間に顕著な差がみられない。しかしその文脈を探っていくと，日露間に質的な差異が見いだせる。

第1に，日本では〈政府〉に対する信頼感が高くないが，ロシアではそれがかなり高い。ロシアにおける〈政府〉への信頼感の高いことは，他の類似した国際比較調査でも確かめられている（Anisimov 2013）。これは日本人とロシア人の政府観，ひいては国家観の違いに起因しているかもしれない。

第2に，日本では〈友人信頼〉と〈他者信頼〉が有意に相関

し，この2つは〈政府信頼〉と無相関であるが，ロシアでは〈友人信頼〉は〈他者信頼〉や〈政府信頼〉と相関せず，独自の領域を形作っている。つまり日本では〈友人〉と〈他者〉がほぼ同一の社会圏に含まれ，〈政府〉からはかけ離れた領域をなしているのに対して，ロシアでは〈友人〉関係はそれ自身独立した領域をなし，〈他者〉や〈政府〉とは別社会を形成している。これには日露間における〈友人〉の意味の違いがあると考えられる。日本語では〈友人〉と〈非友人〉との境界が曖昧で，〈友人〉の意味範囲が広い。これに対してロシア語でいう drug, druzhia の範囲はかなり限定的であり，同志的，全面結束的な関係のなかにいる仲間を指す。この言語的意味の違いのほかに，日露間の歴史的・体制的背景の違いもある。ロシアでは共産主義体制下で人びとは全面的信頼を置ける狭い友人関係を築き，それを殻にして外部環境から身を守り私的生活を成り立たせ，外部社会から遮断された小宇宙を築いていた（袴田1993）。日本社会にも伝統的にそのような関係が根強く残存していたが，戦後社会，とくに高度経済成長期を経てかなり溶解した。

第3に，本稿で「社会特性」のひとつの面としてあげた〈規範性〉の度合いは，日本では高くロシアでは低い。日本では狭い社会圏の特殊的価値規範を超えた，社会一般を規制する普遍的価値規範が広く支持され，一般原則に沿った行為選択がなされる傾向がみられるが，これと相関している「信頼感」は〈友人関係〉レベルだけにとどまる。いいかえれば，友人関係に信頼を置く者は普遍的価値規範を支持する傾向がある。他方ロシアでは，公式的・法的規範と日常的・生活規範が二重構造をなしており，人びとは日常生活においては普遍的倫理規範に沿う

よりも，むしろその時どきの状況に適応しながら問題解決を図り利益を実現していこうとしており（袴田 1993），価値規範は「信頼感」のどのレベルとも無相関である。この点はアメリカとも異なる。

　第4に，「社会特性」におけるもうひとつの面としてあげた〈関係性〉については，ここでは市民結社への人びとの参加度を指標としているが，それは日本で顕著に高く，ロシアでは低い。日本の場合，近代以前から庶民の間で結社が発達していた。そして近代化の過程で国家による上からの結社作りが推し進められたが，第2次大戦後の民主化の過程で結社の自由が保障され，官製結社が住民・市民の手に移され，また学校教育のなかで自主的なクラス運営やクラブ活動の経験をした新世代が育ち，さらに高度経済成長を背景として拡大した中産階級とその主婦を中心に多様な結社活動が展開した。他方ロシアでは，国家が社会を統制・管理する共産主義体制の時代が70年にも及び，その間市民の草の根のイニシアチブは厳しく制限され，市民の結社も共産党の政治的イデオロギー的路線に沿うものでなければならなかった。市民的イニシアチブと結社の自由がロシアでは長年欠如していたことが，現時点における結社参加の度合いの低さにつながっているとみられる。日露間にはこうした違いがあるにせよ，日本でもロシアでも結社参加度の高低は「信頼感」と無相関である。またそれは普遍的価値規範の広がりとも相関しておらず，「社会特性」のこれら2つの面はそれぞれ独自の領域をなして発展してきたとみられる。この点も米国と異なる。

　ちなみに米国の場合，「信頼感」の各レベルと「社会特性」の2つの面はそれぞれ有意に相関している。チェコの社会学者

マチェユーとヴィタースコヴァーは，結社の自由化と市民の参加は社会的信頼の水準を高めると指摘しているが（Matějů & Vitásková 2006: 500），それはアメリカに当てはまるとしても，日本やロシアには妥当しない。日本とロシアは，これまでに見てきたように，それぞれ独自な「社会特性」と「信頼感」の絡まりを呈している。

文献

Anisimov, R., 2013, "Personal Trust: Comparative Analysis", in: O. Kozlova & K. Izabebska (eds.), *Cultures of Trust,* Sczećin: Minerwa: Uniwersytet Szczećinski.

Matějů, P. & A. Vitásková, 2006, "Interpersonal Trust and Mutually Beneficial Exchanges: Measuring Social Capital for Comparative Analyses", *Czech Sociological Revue,* Vol.42, No.3.

石川晃弘, 2014,「ロシア人の信頼感──旧体制の遺物か新体制の産物か──」佐々木正道編著『信頼感の国際比較研究』中央大学出版部。

袴田茂樹, 1993,『ロシアのジレンマ：深層の力学』筑摩書房。

II 個人間の信頼・近隣関係の信頼・公的機関の信頼
旧共産主義諸国間比較

ロマン・アニシモフ

1. 調査の概要

　本稿は，脱共産主義のトラウマを経験してきた5ヵ国（ポーランド，リトアニア，チェコ，ウクライナ，ロシア）を対象として，2010年12月に実施した質問紙法による大量観察方式調査の結果に基づく。データは割当抽出法によるサーベイで得た。サンプルは各国の首都および地方都市の大学に通う17歳以上27歳未満の学生から抽出された合計5,118人である。

　筆者がここで採用するのは，社会生活のある領域での信頼の低下は，他の領域における信頼の向上によって補われるという，信頼関係の補償特性に関する仮説である。

　この仮説を検証するために，筆者はまず社会的信頼を対個人，対近隣，対公的機関という3つの次元に分け，それから各国の信頼水準を測り，各次元の信頼水準を比較する。

　結論を先に述べると，信頼関係の補償仮説は確証されなかった。社会生活のある次元での信頼の欠如は，他の次元での信頼の増大によって補われてはいない。つまり信頼は別の次元に移行するのではなく，ただ消え去るだけなのである。

2. 理論的背景

　人間社会における信頼の役割と位置に関する研究は，社会学者の手によって1980年代初頭から行われてきた。80年代初期にルーマン (Luhmann 1979) とバーバー (Barber 1983) によって信頼研究の先鞭が付けられ，1990年代にはフクヤマ (Fukuyama 1995), ミシュタル (Misztal 1995), セリグマン (Seligman 1997), シュトムプカ (Sztompka 1999) らによってそれが展開され，2000年以降になるとハーディン (Hardin 2002, 2004), ウスランダー (Uslander 2002), クラマーとクック (Kramer & Cook 2004), ティリー (Tilly 2005), ドーガン (Dogan 2005), ガムベッタとハミル (Gambetta & Hamill 2005) らによってさらに推進された。ロシアにおける信頼研究は，21世紀に入ってからコズィレヴァ(Kozyreva 2011) によって着手された。

　信頼に対する関心の高まりは，グローバリゼーションの進行，社会生活と個人生活の諸領域でのリスクの増大など（移民，薬物不法売買，人的安全の低下，等々），多くの客観的要因による。東欧では，社会政治システムの急激な変動と脱共産主義トラウマ (Sztompka 2001) がその要因に加わる。共産主義崩壊後の新しい現実の中で，社会の基本要素，すなわち社会的行為——他者の行為を意識しそれを自分と関連付けてなされる個人の行動 (Weber 1990) ——が，掻き乱されたのである。この定義が意味するところは，人は自分が生活している社会の規則や価値を知らなければならず，他者に対してもその規則に従った行動を期待しなければならない（他者を信頼する），という点にある。ところが社会的文化的転換期には，人は自分の価値志向を見失い，なにが「正しく」なにが「悪い」かがわからなくなり，社会的アノミー（無規制）状態が現出する。社会的信頼が

成り立つのは，他者の行為が予測可能であり社会制度（政府，法廷，軍隊等）の機能を保証する規則（法）が確実な場合であるとすれば，上記のようなアノミー状況では社会的信頼は低下する。「悲観的冷笑の文化」(culture of cynicism) が出現し，信頼と依存が普遍的に欠如しているという思いが「否応なしに」広がり，不信と疑惑が適切な社会的態度として正当化される (Sztompka 2012)。ポーランドの社会学者シュトムプカは悲観的冷笑の文化が支配的な社会を機能性の論理で分析し，「信頼が欠けている場合の空白は，何かそれに代わる機能を果たし，信頼，予測可能性，秩序，等々に対する希求を充たす代替物によって埋められる」(Sztompka, 2012) と結論づけている。だとすれば，社会生活においてある次元の信頼が欠けていると，他の次元での信頼が増大することで補われる，ということができる。「生活のどこかの分野でもはや信頼できなくなると，他の分野に信頼を置くようになる」(Coleman 1990) ということになる。

　シュトムプカは「悲観的冷笑の文化」に対応する6つの機制をあげている (Sztompka 2012)。

1. 天佑への信仰。主体性論に代わって運命論が中心となる。
2. 汚職腐敗。実質的な公共的関係に代わって，サービスや物の相互交換網，闇取引，賄賂のやりとりの不健全な疑似共同体などが広がる。
3. 礼節や世間体を気にかけず，過度な警戒心で身を固め，自己責任で自らを管理監督する。
4. 合法的諸制度の濫用。
5. ゲットー作り。壁で囲んで，敵意に満ちた環境に対して集団の周りに越えがたい境界線を設ける。公共に対する不信は種族集団やエスニック集団や家族集団に対する強力な忠誠で

バランスがとられる。
6. 家父長主義。強力な専制的指導者，カリスマ的人物の権威を待望する。
7. 信頼の外部志向化。国内の政治家，機関，物品，労働市場，等々に対する不信の雰囲気が支配的になるなかで，人びとは眼を外国に向けだし，外国の指導者や組織や物品に希望を託し，仕事を求めて他国に流出していく。

もし上記のうち1，3，4，6，7が心理的ないし個人的レベルの機制であるとすれば，汚職腐敗やゲットー作りは悲観的冷笑文化に対する適応の社会的な機制である。なぜなら，汚職腐敗と共同防御の場合もゲットー作りの場合も，人びとはインフォーマルな共同体を形成するからである。ゲットー作りも腐敗汚職も，イギリスの人類学者バンフィールドが「没道徳的家族主義」と名付けた共通の特徴を備えている。彼によれば「家族以外の誰とも共同行為ができず,,, その結果として，外部世界に対して躁状態で度を越した偏執的な悲観的冷笑の状況がもたらされる。社会生活は不安，不確かな慢性的恐怖，疑惑，陰謀説，不吉な予感，などの混じりあった感情で充たされ，さらには思考の麻痺によって大規模な行動が触発される」(Banfield 1967) という。

以上の諸見解を踏まえて，筆者は，国家や警察や法廷などの公的機関に対する信頼の低下は，個人相互間や近隣の人びとに対する信頼の増大によって補償されるという想定を提起する。つまり，インフォーマルな結合がフォーマルな関係を凌駕しはじめ，汚職や身内贔屓といった疑似伝統的行為が社会的に蘇ってくる。言いかえると，疑似封建的諸関係が近代社会の公的機関の内部で繁茂してくるのであり，それが人びとを新しい社会

体制に適応させる機能を担い，脱共産主義社会の変動の苦痛を緩和する役割を演じる，という想定である。

3. 調査の課題と方法

　このような見地に立って，筆者は個人間信頼の補償的性質という仮説を提起した。この仮説が正しければ，個人間信頼の水準がもっとも高い社会では，社会生活の他の領域での信頼水準は非常に低くなくてはならない。この仮説の検証は2010年に脱共産主義トラウマを経験した5カ国での調査から得られたデータによる。

　筆者はロシアの学界で採用されている区分に従って社会的信頼をマクロレベル，中間レベル，ミクロレベルの3次元に分けて検討する。マクロレベルとは一定の政体を備えた現存の社会経済システムに拡がる諸制度と諸関係の集合体 (Thesaurus 2009) を意味する。マクロレベルの諸機関とは物的生産活動，政治システム，文明などに関わる制度的機構である。社会学では人間と国家，社会，政治機構などとの関係が研究対象とされているが，筆者はマクロレベルの信頼（公的機関に対する信頼）を，政府や国家機関という公的機構とそのマクロレベルでの社会的役割に対する信頼というプリズムを通して追究する。

　中間レベルは社会の人間的構造の土台をなす諸制度と諸関係の集合体 (Thesaurus 2009) を意味する。つまり中間レベルとは市民，村民，あるいは特定集団の成員といった人びとと社会とを関係づける諸制度のことである。ここでは筆者は中間レベルでの信頼（ローカルな領域での信頼）を，地域の近隣住民に対する信頼というプリズムを通して追究する。

ミクロレベルは人間の直接的な一次的社会環境であって，人格の形成と発達に決定的な影響を持つ諸制度と諸関係の集合体 (Thesaurus 2009) を意味する。家族，職場，小集団，仲間集団などがそれである。そこでは緊密に関係し直接に交流しあう人たち（親友，配偶者，仕事仲間，学友）に対する信頼が要となる。筆者の信頼分析では次のような理由から近親者（兄弟，姉妹，親）は含めない。つまり，人は親友や配偶者は選べるが，家族や親は選べないからである。言い換えれば，親友や配偶者に対する信頼は，先に述べた社会的信頼の定義と通底して合理的，社会的根拠を持つ関係であるのに対して，近親者に対する信頼が人々を結びつけるのは生物的，非合理的根拠からである。

　個人間信頼の補償仮説を検証するためには，以下の作業が必要である。第1に，調査対象各国における個人間信頼の水準を測定すること，第2に，社会生活の各次元間の信頼水準を比較すること，である。もし補償仮説が正しいとすれば，ある分野での信頼水準が低まると，他の分野での信頼は高まる，ということになる。

4.　個人間信頼の水準測定

　調査票に盛り込まれた設問のなかから，次の項目を取り上げる。

問26「私はこれまで自分の妻・夫・パートナーとの関係に不信感を持ったり疑念を挟んだりしたことはないし，これからもないだろう」
問27「私はこれまで妻・夫・パートナーがどんな行動をしよ

うとも，彼・彼女との関係に不信感を持ったり疑念を挟んだりしたことはなかったし，これからもないだろう」

問28「私は自分が直接接している人たちの大部分を自分の友人と呼ぶことができる」

問30「男女の間の信頼は，たいてい，一方が欺けば完全に終わってしまう」

問31「学生と教員との間では，個人的な話題に触れるべきではない」

問32「私はしばしば，他者の動機に疑念を持つ」

問35「私の周りには，自分の胸の奥の秘密を打ち明けられる人たちがいる」

　上記の質問項目のそれぞれに対して，次の回答選択肢が設けられている。

- 全然そうは思わない
- あまりそうは思わない
- わからない
- ある程度そうだと思う
- 全くそうだと思う

　この回答選択肢は5点尺度になっている。問26，問27，問28，問35では，「全然そうは思わない」に1点，「あまりそうは思わない」に2点，「わからない」に3点，「ある程度そう思う」に4点，「全くそう思う」に5点を与える。問30，問31，問32ではそれが逆になり，「全然そうは思わない」に5点，「あまりそうは思わない」に4点，「わからない」に3点，「ある程度そ

う思う」に2点,「全くそう思う」に1点を与える。

このように配点すると,合計点は7点から35点の間に分布する。算出の結果,平均値22.5点,最頻値は23点となった。国ごとにその平均値を示すと,表1のようになる。

表1 国別にみた個人間信頼水準の平均値

順位	国名	平均値	標準偏差
1	チェコ	23.3766	3.91893
2	リトアニア	23.2385	4.18380
3	ポーランド	22.7990	4.80378
4	ウクライナ	21.8958	3.97509
5	ロシア	21.5383	4.18787
	計	22.4851	4.30633

この表の平均値をみると,個人間信頼の水準がもっとも高いのはチェコとリトアニアで,もっとも低いのはロシアとウクライナである。

個人間信頼の水準をもっと詳しく分析するために,筆者は4つのグループを設定し,得点が7点から13点までの回答者群を信頼水準が「非常に低い」グループ,14点から20点までのそれを「低い」グループ,21点から27点までのそれを「普通」グループ,28点から35点までのそれを「高い」グループとした。その結果得られた回答者分布は表2のようになる。

表2 個人間信頼水準の高さからみた回答者分布

信頼水準	回答者数	回答者比率
非常に低い	119	2.4
低い	1,497	29.2
普通	2,847	55.6
高い	643	12.6
計	5,106	99.8
非該当	12	0.2
総計	5,118	100.0

この表からは個人間関係で互いを信頼している人はそうでない人よりも多いことが見てとれる。信頼水準が「高い」グループの人たちはそれが「非常に低い」グループの人たちの6倍も多い。「普通」グループと「高い」グループの回答者は合わせると68.2%になる。

　信頼水準から分けたこれらのグループの分布は，表3にみるように国によって異なる。

表3　国別にみた個人間信頼水準の分布

信頼水準	国名					平均
	ロシア	チェコ	リトアニア	ポーランド	ウクライナ	
非常に低い	3.2	0.8	1.3	3.3	2.7	2.3
低い	35.6	21.8	24.0	29.2	33.0	29.3
普通	53.6	61.9	59.4	49.3	56.3	55.8
高い	7.7	15.5	15.3	18.2	8.0	12.6
計	100.0	100.0	100.0	100.0	100.0	100.0

　この表から見てとれるように，信頼水準が「非常に低い」グループが多いのはポーランド（3.3%）とロシア（3.2%）である。しかしポーランドでは18.2%の回答者が「高い」グループをなしている。つまりポーランドの回答者は他の国ぐにの回答者に比べて，近しい人に対する信頼態度が高低に極端に分かれている。他方ロシアは，信頼水準が「非常に低い」グループと「低い」グループが多い点で筆頭にくるだけでなく，ウクライナとともに「高い」グループが10%に達しておらず，その比率はポーランド，リトアニア，チェコのほぼ半分でしかない。ロシア人は近しい人たちと特別に真心のこもった温かい関係を持っている点で他国の国民とは違った存在だ，という固定観念があるが，上の調査結果はこれを否定する。調査結果はロ

シア社会とウクライナ社会が高度に原子化していることを示している。

5. 個人間の信頼と社会生活の他分野における信頼

　個人間の信頼が社会生活の他の領域での信頼によって補償されるという仮説を検証するためには，両者の水準の比較が必要となる。そのために中間レベルとマクロレベルの社会的信頼に対応する設問を，調査票の中から選ばねばならない。
　中間レベルについては近隣社会の信頼を測るための設問を選び出し，個人間信頼の水準を測った際の方法を適用して「近隣信頼値」を算出した。選択された設問は以下のものである。

問56「自分の個人生活に関しては隣人たちにあまり知られたくない」
問57「私の町や近隣の人たちはあまり礼儀を知らない」
問58「私の町や近隣には，町や近隣社会のためになるようなことを積極的にやろうとする人はほとんどいない」
問59「町の中や近隣の人たちは，私にとっては赤の他人である」
問60「私の町や近隣の住民は，たいてい，尊敬すべき人たちである」
問61「私の町や近隣の住民の多くは，必要な時には無私無欲で私を助けてくれよう」
問62「私の町や近隣で安全を感じていられるのは，同一地区の住民だけである」
問63「私になにか悪いことが起こっても，町や近隣の人たち

は見て見ぬふりをするだろう」

　以上の設問のうち問60と問61については,「全然そうは思わない」を1点,「あまりそうは思わない」を2点,「わからない」を3点,「ある程度そうだと思う」を4点,「全くそうだと思う」を5点，そして問56，問57，問58，問59，問62，問63についてはその逆に「全然そうは思わない」を5点,「あまりそうは思わない」を4点,「わからない」を3点,「ある程度そうだと思う」を2点,「全くそうだと思う」を1点として信頼度を算出する。したがって信頼度の全体としての得点範囲は8点から40点に跨る。こうして算出した「近隣信頼水準の平均値」は24.2点で，最頻値は24点となった。国によるその平均値は表4のようになる。近隣関係の信頼水準がもっとも高いのはポーランドで，チェコ，リトアニア，ロシアがそれに続き，最低水準にあるのはウクライナである。

表4　国別にみた近隣関係信頼水準の平均値

順位	国名	平均値	標準偏差
1	ポーランド	25.2419	5.25924
2	チェコ	24.9954	4.33243
3	リトアニア	24.5885	4.49166
4	ロシア	23.3262	4.51817
5	ウクライナ	23.1958	5.14044
	計	24.2153	4.78802

　次にこの測定値の大小から回答者を4つのグループに分ける。近隣関係の信頼水準が「非常に低い」グループ（8点から15点まで),「低い」グループ（16点から23点まで),「普通」のグループ（24点から31点まで),「高い」グループ（32点から40点まで）の4グループである。表5は各グループの回答者数と

その比率を示している。

表5 近隣関係信頼水準の高さからみた回答者分布

信頼水準	回答者数	回答者率
非常に低い	153	3.0
低い	2,045	40.0
普通	2,562	50.0
高い	314	6.1
計	5,074	99.1
非該当	44	0.9
総計	5,118	100.0

　このデータを先にみた個人間信頼水準のグループ別データと比較してみると,「非常に低い」と「低い」の比率が大きく,「普通」と「高い」の比率が小さくなっていることが見てとれる。個人間信頼では「非常に低い」と「低い」の回答者率は31.5%で「普通」と「高い」のそれは68.2%であったが,近隣信頼については「非常に低い」と「低い」が43.0%,「普通」と「高い」が56.2%である。近隣の人びとに対しては身近の個人に対してよりも信頼度が低いといえる。

　各国の信頼度グループ別分布をみると,近隣信頼でも個人間信頼でもあまり違いは見られない(表6をみよ)。近隣関係でも個人間でも信頼度が「非常に低い」グループが多いのはウクライナとロシアである(個人間信頼ではウクライナは「非常に低い」グループの多さで3位)。なお,個人間と同様に近隣関係の信頼度でも,各国共通して「普通」グループがもっとも大きい。

表6 国別にみた近隣関係信頼水準の分布

信頼度	国名					平均
	ロシア	チェコ	リトアニア	ポーランド	ウクライナ	
非常に低い	3.6	1.7	2.5	2.9	4.0	3.0
低い	46.1	34.4	37.8	36.1	44.7	40.3
普通	46.9	56.8	53.7	49.3	47.3	50.5
高い	3.4	7.1	6.0	11.7	4.0	6.2
計	100.0	100.0	100.0	100.0	100.0	100.0

次に，マクロレベルの社会生活に対応する「公的機関に対する信頼水準」を検討する。調査票の中の設問から以下の項目を取りあげる。

問47「私の国では政治家の大多数は信頼するに値しないペテン師だ」
問48「私の国では政府吏員の大多数は尊敬に値する人びとだ」
問50「政治家の中には優れた政策を持っている者もいればそうでない者もいるが，大多数は国の福利安寧を思っている」
問53「私の国の国家機関は万人を平等公平に扱っている」
問54「私の国では国民が払う税金は適切かつ効率的に使われていると信じている」
問55「大多数の高級官僚は公共的利益より自分の個人的利得の方が重要だと思っている」

以上の設問のうち問48，問50，問53，問54については，「全然そうは思わない」に1点，「あまりそうは思わない」に2点，「わからない」に3点，「ある程度そうだと思う」に4点，「全くそうだと思う」に5点を与え，問47と問55についてはその逆に「全然そうは思わない」に5点，「あまりそうは思わない」に4点，「わからない」に3点，「ある程度そうだと思う」に2点，

「全くそうだと思う」に1点を与えて信頼度を算出する。

その結果として算出される信頼度の全体としての得点は6点から30点までの範囲となる。そして得られた公的機関信頼水準の平均値は13.6点で、最頻値は12点である。国によるその平均値は表7のようになる。公的機関の信頼水準がもっとも高いのはポーランドで、チェコ、リトアニア、ロシアがそれに続き、最低水準にあるのはウクライナである。国によるこの順位は近隣関係の信頼水準におけるそれと同じである。したがって、近隣関係の信頼水準が低い国は公的機関の信頼水準も低いということができる。

表7　国別にみた公的機関信頼水準の平均値

順位	国名	平均値	標準偏差
1	ポーランド	14.4181	4.03654
2	チェコ	13.8316	3.68971
3	リトアニア	13.7654	3.98539
4	ロシア	13.5188	4.31275
5	ウクライナ	12.1781	4.37825
	計	13.6167	4.14957

公的機関に対する信頼水準について、ここでも「非常に低い」グループ（6点から11点まで）、「低い」グループ（12点から17点まで）、「普通」のグループ（18点から23点まで）、「高い」グループ（24点から30点まで）の4グループに回答者を分けて観察してみる。各グループの回答者数とその比率は表8のようになる。

表8 公的機関に対する信頼水準の高さからみた回答者分布

信頼水準	回答者数	回答者率
非常に低い	1,601	31.3
低い	2,524	49.3
普通	919	18.0
高い	42	0.8
計	5,086	99.4
非該当	32	0.6
総計	5,118	100.0

　この表を見ると，公的機関に対する信頼状況は個人間の信頼状況や近隣関係の信頼状況とは著しく異なっていることが見てとれる。「高い」グループと「普通」グループを合わせた回答者比率は個人間信頼では68.2%，近隣関係信頼では56.1%と高率であるのに対して，公的機関に対する信頼ではわずか18.8%である。これはミクロレベルおよび中間レベルの信頼とマクロレベルの信頼との間にはかなり大きなズレがあることを物語る。国別に公的機関に対する信頼水準を示すと，表9のようになる。

表9　国別にみた公的機関に対する信頼水準の分布

信頼水準	ロシア	チェコ	リトアニア	ポーランド	ウクライナ
非常に低い	33.1	26.6	29.9	24.6	46.4
低い	47.0	56.9	51.9	52.5	38.4
普通	19.4	15.6	17.3	21.3	14.9
高い	0.5	0.9	0.9	1.6	0.3
計	100.0	100.0	100.0	100.0	100.0

　以上のデータから次のように言うことができる。信頼補償仮説は全面的には支持されなかった。調査対象国の中でポーランドはどの次元でも信頼水準が最高で1位を占め，チェコとリトアニアがそれぞれ2位と3位にあり，ウクライナはどの次元でも最低に位置する。ところがロシアでは次元によって信頼

水準が異なるのである。ロシアは個人間の次元(ミクロレベル)と近隣関係の次元(中間レベル)では信頼水準が低いが,公的機関の次元(マクロレベル)では平均水準は低いものの「普通」という回答がチェコやリトアニアより多く,19.4%にのぼる。これは予想外の結果である。筆者はデータ分析の当初,ロシアにおける信頼状況は,公的機関の次元では最低であって個人間の次元では最高であると予想していた。それゆえに信頼補償仮説を立てたのである。ところが調査してみると,結果はその逆であった。ロシア人の場合(ウクライナ人もそうだが),友人や隣人は信頼しないが政府は信頼しており,政府に対する信頼度は表9を見るかぎりチェコ人やリトアニア人よりも高い。個人間信頼の補償特質という仮説が支持されなかったのは,ロシアではマクロレベルの公的機関に対する信頼が低下しているのに,それが非公式的な個人間関係の増加で補われておらず,社会が崩壊過程にあるからだと言えよう。だが現実のロシアでは非公式的諸関係の増大を目にしている。それは地下経済,内輪関係,汚職腐敗,等々に表われている。しかしロシアではそのような非公式的関係(親子関係は別として)の中で個人は他者を信頼していない。非公式的な繋がりを持つ者同士は互いに疑いあっている。したがってそのような非公式的結びつきはその時どきの一時的なものである。ロシアの全体状況は本質的に逆説的であり,封建的な共同関係ができてもその中における人びとのメンタリティは非常に個人主義的である。そしてこれが相まって,現実社会はばらばらな部分の集合で成り立っているという感覚をもたらしている。これは「紙上」の現実であり「実際」の現実である。この二重性がフラストレーションを生じさせ,人が2つの相反する思想を同時的に信じるさいの,意識の

パラドックスをもたらす (Toschenko 2008)。

　ロシアの回答者の19.4%もが政府を信頼しているというのは，おそらくこのためである。ロシアでは20世紀を通して人びとの間の非公式的な横の繋がりが壊され，それに代わって国家が新しい公共的諸機関を作り，崩壊した共同関係の機能をそれによって代替した。ソヴィエト連邦解体後にはそれらの機関も崩壊したが，それらに対する記憶が残存しつづけ，それが政府に対する信頼感として表われている。この信頼感は事実に基づいているのではなく，調査サンプルとなったロシア人学生が国家に対して抱いている「理想」像に由来しているものと思われる。人びとはロシア政府に対して否定的な態度と意見を持っているが，非公式的な関係網で現実に処理されている課題，とりわけ生きていくための適応策と身や財産を守るための防衛策を，国家が講じるべきだと信じている。それゆえに人びとは国家がソヴィエト連邦時代のようにその役割を再び担うのを信じ期待しているのである。いずれにせよこの予想外の調査結果は再検討されねばならないが，筆者の発見が確証されれば，データの適切な解釈が新たに必要となる。

6. 結論

1. ロシアとウクライナは調査対象5カ国の中で原子化がもっとも進んでいる社会である。
2. ロシアにおける公共機関に対する不信はリトアニアやチェコの場合よりも小さい。これは予想外の発見であり，これについては肯定すべきか反駁すべきか検討が必要である。もし肯定すべきだとしたら，この発見された事実に関する適切な

解釈が求められる。
3. ロシアでは封建的特質を持った共同関係が生み出されているが,その関係の中にいる者同士は互いに不信感を抱いている。この共同関係は状況次第で動き短命である。
4. 社会生活のある次元で信頼が欠ければ,他の次元での信頼が大きくなるというような,信頼の補償関係はみられない。ある次元で低下した信頼は他の次元で補償されるのはなく,ただ消え去るだけである。

文献

Banfield, E. C., 1967, *The Moral Basis of a Backward Society*, New York: Free Press, p. 106.

Barber, B., 1983, *The Logic and Limits of Trust*, New Brunswick: Rutgers University Press.

Coleman, J., 1990, *Foundations of Social Theory*, Cambridge, Mass: Harvard University Press, p. 196.

Dogan, M., 2005, *Political Mistrust and the Discrediting of Politicians*, Leiden: Brill.

Fukuyama, F., 2004, *Trust: Social Virtues and the Creation of Prosperity*, Moscow: ACT Publishing

Gambetta, D. & H. Hamill, 2005, *Streetwise: How Taxi Drivers Establish Their Customer's Trustworthiness*, New York: Russell Sage Foundation.

Hardin, R., 2002, *Trust and Trustworthiness*, New York: Russell Sage Foundation.

Hardin, R. (ed.), 2004, *Distrust*, New York: Russell Sage Foundation.

Kozyreva, P., 2011, *Trust and Its Resources in Modern Russia*, Moscow: Institute of Sociology.

Kramer, R. & K. Cook (eds.), 2004, *Trust and Distrust in Organizations*, New York: Russell Sage Foundation.

Luhmann, N., 1979, *Trust and Power*, New York: John Wiley.

Misztal, B., 1996, *Trust in Modern Societies*, Cambridge: Polity Press.

Seligman, A., 1997, *The Problem of Trust*, Princeton: Princeton University Press.

Sztompka, P., 1999, *Trust: A Sociological Theory*, Cambridge: Cambridge University Press.

Sztompka, P., 2001, "Cultural trauma in post-communist society" (Article Two), *Socis* № 2. 3-12.

Sztompka, P., 2012, T*rust - the Foundation of Society.* Moscow: Logos, pp. 286, 359-361.
Tilly, Ch., 2005, *Trust and Rule,* Cambridge: Cambridge University Press.
Toschenko, Zh.T., 2008, *Paradoxical Man.* Moscow, UNITY-DANA.
Toshchenko, Zh. T. (ed.), 2009, *Thesaurus of Sociology: Thematic Dictionary-Directory,* Moscow: UNITY-DANA, pp. 195-197.
Uslaner, E., 2002, *The Moral Foundations of Trust,* Cambridge: Cambridge University Press.
Weber, M., 1990, *Basic Sociological Concepts. Selected Works.* Moscow: Progress, pp. 602-603.

III　ロシア人の信頼感と意識構造
計量的分析

佐々木正道

1.　予備的考察

　「信頼」は，社会学の根幹となる課題として，古来よりテンニース，ジンメル，デュルケーム，パーソンズ，ルーマン，ギデンズ，バーバー，ベック等，多くの理論家によって論じられ，長い間研究の対象とされてきた。そして，21世紀の急激な社会変動の中，階層化社会の進展，社会規範の変化，伝統的な「価値観」の崩壊，また国際社会では異民族・異宗教間の対立や紛争などが顕著になり，「信頼」についての研究は新たに緊要の課題となっている。

　筆者はこれまで，国際比較調査の中で，人びとの信頼感について研究を進め，近年では，ロシア，東欧や中東の一部の国ぐにも調査の対象としてきた。[1]この中でロシアにおいては，近年，信頼についての研究（Schrader 2004; Sasaki et al. 2009; Sasaki et al. 2010; Dryakhlokh et al. 2013; Konovalov 2014）が盛んになってきたものの，実証的研究はいまだ少ない。そこで，この章においては，2009年にロシア全土で1,600人を対象に実施した信頼感に関する意識調査[2]の分析結果（信頼感とそれに関連する意識項目

1　本研究は，科学研究費補助金（日本学術振興会）基盤 A(2007 年度～ 2010 年度) と基盤 B(2010 年度～ 2013 年度) の助成を受けて行った。
2　2009 年 2 月ロシア全土の 140 地点においてクオーターサンプル方式によ

の関係)について述べる。

　関連する項目は以下の通りである。
1. 信頼感の社会化
2. 信頼感の互酬性
3. 信頼感,性善説,善悪,遵法についての考え方
4. 組織に対する信頼感
5. 信頼感と性格
6. 信頼関係構築の初期段階

　信頼感の測定方法(詳細については佐々木〔2014〕の8章を参照)については,General Social Survey (GSS)で用いられ,これまで他の多くの意識調査でも長年使用されてきた (Wilkes 2011; 吉野・芝井・二階堂 2014),次の3問(問1~3)をここでは信頼感尺度項目と命名し使用した。問3だけを使用した調査を基にした論文もあるものの,その問題点は指摘されており (Reeskens & Hooghe 2008; Glaeser et al. 2000; Miller & Mitamura 2003; Yamagishi, Kikuchi & Kosugi 1999; Schwarz 1999), 3問をセットとして信頼感尺度として使用する必要性があるとされているため (Paxton 1999; Smith 1988)ここでは3問をセットとして分析に用いる。この3問は3項目のローゼンバーグ尺度ともいわれている。

問1　たいていの人は,他人の役にたとうとしていると思いますか,それとも自分のことだけを考えていると思いますか。
　　　1 他人の役にたとうとしている　　　　　　　　23.1%
　　　2 自分のことだけを考えている　　　　　　　　71.4%

　　り,モスクワのVCIOM調査社に委託して実施された。

3　その他　　　　　　　　　　　　　　　　　　　　0.5%
　　4　わからない　　　　　　　　　　　　　　　　　　5.0%

問2　他人は，機会があれば，あなたを利用しようとしている
　　と思いますか，それともそんなことはないと思いますか。
　　1　他人は機会があれば自分を利用しようとしていると思う　55.9%
　　2　そんなことはないと思う　　　　　　　　　　　　31.0%
　　3　その他　　　　　　　　　　　　　　　　　　　　0.6%
　　4　わからない　　　　　　　　　　　　　　　　　 12.5%

問3．あなたは，たいていの人は信頼できると思いますか，そ
　　れとも，用心するにこしたことはないと思いますか。
　　1　信頼できる　　　　　　　　　　　　　　　　　 28.1%
　　2　用心するにこしたことはない　　　　　　　　　 66.8%
　　3　その他　　　　　　　　　　　　　　　　　　　　0.8%
　　4　わからない　　　　　　　　　　　　　　　　　　4.4%

　問1～3の回答は2択となっているので，信頼感のプラスの
イメージを＋，マイナスのイメージを－と表示する。したがっ
て，問1については，「他人の役に立とうとしている」を＋，
「自分のことだけを考えている」を－，問2については，「他
人は機会があれば自分を利用しようとしていると思う」を－，
「そんなことはないと思う」を＋，問3については，「信頼でき
る」を＋，「用心するにこしたことはない」を－とした。「その
他」と「わからない」は面接調査時の記録用の選択肢として
は用意されているが分析データとしては除外した（「その他」
をjunkカテゴリーとして回答項目を分析から除外することについては，

Le Roux and Rouanet 2010: 62 を参照のこと)。

　以下の6項目の分析でも「その他」と「わからない」は分析から除外した。

　コレスポンデンス分析による回答の布置図は図1のとおりであり，第1軸（水平軸）の原点の左右に，信頼感尺度3問のプラスのイメージの回答とマイナスのイメージの回答が，それぞれまとまって位置していることが読み取れる。本章で取り上げる項目と信頼感の関連の分析において，この信頼感尺度3問の2つのまとまりを高信頼感クラスターおよび低信頼感クラスターとして使用することとする。なお，本章で扱う信頼感3問と各項目の関連はすべてコレスポンデンス分析を用いた。また，この章のすべての布置図において第1軸と第2軸の値は相対的であり，符号は質問項目の意味と無関係である。

2. 信頼感の社会化

　子どもが確固とした信頼感を育むことができるかどうかは，親の役割が重要な要素となる（Erikson 1950/1963; Rotenberg 1995; Barber 1983; Baier 1986; Newton 1997; Uslaner 2002）。また子どもの時に親が子との約束を守ったかどうかは，子どもが成人になってからも信頼感を堅持できるかどうかに影響を及ぼすといわれている（Rotenberg 2010; Hardin 2002; Holmes & Rempel 1989; Mikulincer 1998; Miller & Rempel 2004）。さらに，裏切られた経験の有無につ

3　この手法は，社会調査などでカテゴリカルなデータを伴ったクロス集計表分析に役立ち，分析結果をユークリッド空間において回答項目の関係を布置し，データについて全体的に解釈できる統計的手法である (Greenacre and Blasius 1994 を参照)。著名な社会学者ピエール・ブルデューが好んで使用したのでブルデューの統計的手法と呼ぶこともある（Le Roux and Routanet 2010: 4）。

Ⅲ　ロシア人の信頼感と意識構造

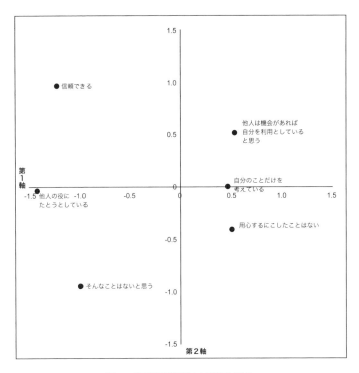

図1　信頼感尺度項目の回答分布図

いても信頼感の堅持の有無に影響を与えることが指摘されている（Kramer & Cook 2004; Six 2005）。そこで，信頼感の社会化について，前述の信頼感尺度3問とともに次の3問（問4～6）を用いて分析を行う。

　なお，信頼感と信頼感に関連する項目との関係を調べるため，以下のすべての分析において信頼感尺度3問をすべての分析に含めることとする。

53

問4　子どものとき親から「たいていの人は信頼できる」，それとも「用心するにこしたことはない」と教えられましたか。
　　1　信頼できると教えられた　　　　　　　　　　　　40.8%
　　2　用心するにこしたことはないと教えられた　　　　42.5%
　　3　どちらも教えられなかった　　　　　　　　　　　10.8%
　　8　その他　　　　　　　　　　　　　　　　　　　　0.8%
　　9　わからない　　　　　　　　　　　　　　　　　　5.1%

問5　子どものとき親はあなたとの約束を守りましたか。
　　1　よく守った　　　　　　　　　　　　　　　　　57.9%
　　2　まあまあ守った　　　　　　　　　　　　　　　24.8%
　　3　あまり守らなかった　　　　　　　　　　　　　　6.4%
　　4　まったく守らなかった　　　　　　　　　　　　　1.8%
　　5　親と約束することはなかった　　　　　　　　　　4.9%
　　6　その他　　　　　　　　　　　　　　　　　　　　0.9%
　　7　わからない　　　　　　　　　　　　　　　　　　3.3%

問6　あなたは過去に他人から裏切られた経験がありますか。
　　1　ある　　　　　　　　　　　　　　　　　　　　55.5%
　　2　ない　　　　　　　　　　　　　　　　　　　　31.1%
　　7　わからない　　　　　　　　　　　　　　　　　13.4%

　なお，問5で「まったく守らなかった」と「親と約束することはなかった」は5％以下の回答であったので分析から除外した（5％以下を除外することについては，Le Roux & Rouanet 2010: 39を参照のこと）。

Ⅲ　ロシア人の信頼感と意識構造

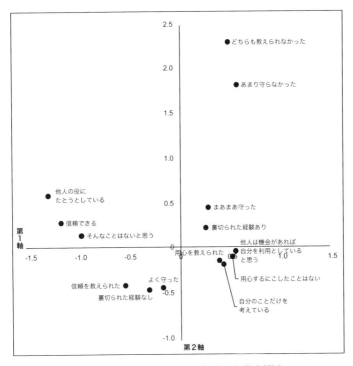

図2　信頼の社会化と信頼感尺度項目の回答布置図

　分析結果を図2の布置図に示す。高信頼感のクラスターは，第1軸の原点から左側に，低信頼感のクラスターは右側に位置する。この図から，高信頼感の人は，子どもの時「たいていの人は信頼できる」と親から教えられ，親は「約束をよく守った」，「過去に他人から裏切られた経験がない」であり，反対に低信頼感の人は，子どもの時「用心するにこしたことはない」と親から教えられ，親は「約束をまあまあ守った」，「過去に他人から裏切られた経験がある」ことが読み取れる。「あまり守

らなかった」と「どちらも教えられなかった」は右側の低信頼感のクラスターの領域に位置する。

この結果，ロシアにおいても信頼感に関する社会化と裏切られた経験の有無に関する前述の先行研究結果が再確認された。

3. 信頼感の互酬性

互酬性 (reciprocity) は，ゴールドナー (Gouldner 1960) によると，多くの文化において確固たる規範となり，普遍性を有する (Putnam 1993; Hollis 1998; Nissenbaum 2004)。信頼感においても互酬性が重要な役割を担う (Welch et al. 2005; Hardin 2002; Hearn 1997; Walker & Ostrom 2009; Kolm 2008)。マーニンガム，マルホトラ，そしてウェーバー (Murnighan, Malhotra & Weber 2004) は信頼の相互関係はゼロサムゲームであり，相互の信頼の形成は経済的社会的に有益であると主張している。

そこで，信頼感の互酬性について次の2問（問7a，問7b）を用いて信頼感尺度3問との関係を分析する。

問7a「たいていの人は他人から信頼された場合，同じようにその相手を信頼する」という考え方についてあなたはどう思いますか。

1 全くそう思う	39.4%
2 ある程度そう思う	41.4%
3 あまりそう思わない	11.7%
4 全くそう思わない	2.7%
5 わからない	4.8%

問7b「自分が信頼されていると感じている人は,それを裏切るようなことはしない」という考え方についてあなたはどう思いますか。

　　1 全くそう思う　　　　　　　　　　　　　　55.8%
　　2 ある程度そう思う　　　　　　　　　　　　31.9%
　　3 あまりそう思わない　　　　　　　　　　　 7.5%
　　4 全くそう思わない　　　　　　　　　　　　 1.3%
　　5 わからない　　　　　　　　　　　　　　　 3.6%

　なお,問7のaとbの回答で「全くそう思わない」は5％以下の回答であったので分析から除外した。

　問7のaとbの回答で「1. 全くそう思う」を＋＋,「2. ある程度そう思う」を＋,「3. あまりそう思わない」を－,「4. 全くそう思わない」を－－と表示すると,分析結果は図3の布置図となる。第1軸の原点から左側に低信頼感のクラスター,右側に高信頼感のクラスターが形成され,同じく第1軸の原点からの左側に問7aの信頼の互酬性と問7bの信頼を裏切らないことについて「ある程度そう思う」と「あまりそう思わない」が位置し,右側に信頼の互酬性と信頼を裏切らないことについて「全くそう思う」が位置する。このことから,高信頼感の人に強固な信頼の互酬性と信頼を裏切らない姿勢が読みとれる。低信頼感は信頼の互酬性と信頼を裏切らない姿勢について「ある程度そう思う」と「あまりそう思わない」の側にあって,互酬性についての弱いプラスイメージは高信頼感クラスターよりも低信頼感に近いことが示唆される。

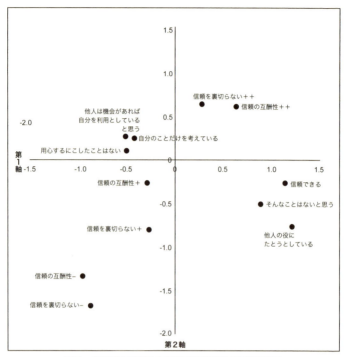

図3　信頼感の互酬性と信頼感尺度項目の回答布置図

4. 信頼感，性善説，善悪，遵法についての考え方

　信頼感の社会化において社会的規範を含む道徳観も親の子へのしつけを通して教えられる (Markova & Gillespie 2008; Rommetveit 1974)。一般に信頼感の高い人は楽観主義者であり (Uslaner 2002)，また，楽観主義者は物事をポジティブに見る傾向があるとするならば，性善説に対して賛成の意見を持つことが予想される。また，一般に信頼感の高い人は，確固たる道徳・倫理観を持ち，社会規範や法律を順守すると推定できそうである。

しかし，バナージーら（Banerjee et al. 2006）は，広範囲の倫理的コンテキストにおける信頼関係は必ずしも倫理的であるとは限らないと述べている。法律の順守については，タイラーは，法律と権威に対する人びとの支持は，権威ある機関が権力を行使することを人びとがどの程度評価するかによると述べている（Tyler 1998）。また，ルーマンは，分業が未発達の未開社会においては，信頼は人間関係において当然のこととして期待され，不信は非道徳と捉えられているが，複雑化した開かれた社会においては，信頼は社会規範によって定義され，法的力によって拘束されていると述べている（Luhmann 1980）。ここでは，倫理・道徳に関連する善悪の有無についての考え方も合わせて検討する。これらの問題は，次の5問で取り上げられており，これら5問（問8～12）を分析に用いる。

問8　「たいていの人は，生まれつき善人だと思う」という考え方についてあなたはどう思いますか。
　　　1　全くそう思う　　　　　　　　　　　　　　　　40.5%
　　　2　ある程度そう思う　　　　　　　　　　　　　　41.5%
　　　3　あまりそう思わない　　　　　　　　　　　　　11.3%
　　　4　全くそう思わない　　　　　　　　　　　　　　 2.6%
　　　5　わからない　　　　　　　　　　　　　　　　　 4.1%

問9　法律についてこのような2つの意見があります。あなたの考えはどちらに近いですか。
　　　1　法律はどんなときにも守るべきである　　　　　62.6%
　　　2　目的が本当に正しいものだと確信がもてるときには，法律をやぶることもやむをえない　　　　　　　　　　　　　　29.9%

3 その他	1.4%
4 わからない	6.1%

問10 善と悪について,あなたはこの2つの意見のどちらに賛成ですか。

1 どんな場合でもはっきりとした善と悪があり,すべてにあてはまる	27.7%
2 たいていの場合はっきりとした善と悪はなく,その時の状況による	66.8%
3 その他	0.1%
4 わからない	5.4%

問11「たいていの人は見つからなければ,料金を支払わないで映画館などに入る」という考え方についてあなたはどう思いますか。

1 全くそう思う	33.1%
2 ある程度そう思う	33.6%
3 あまりそう思わない	18.8%
4 全くそう思わない	5.9%
5 わからない	4.8%

問12「たいていの人は,良心に照らしてというよりも,罰せられることを恐れて法律を犯すことをしない」という考え方についてあなたはどう思いますか。

1 全くそう思う	32.5%
2 ある程度そう思う	41.4%
3 あまりそう思わない	16.3%

4 全くそう思わない	4.4%
5 わからない	5.4%

　なお,「たいていの人は,生まれつき善人」に「全くそう思わない」と「たいていの人は,良心に照らしてというよりも,罰せられることを恐れて法律を犯すことをしない」に「全くそう思わない」は,いずれも5％以下の回答であったので分析から除外した。

　分析結果を図4に示す。この布置図をみると,第1軸の原点の左側に高信頼感のクラスター,そして右側に低信頼感のクラスターが位置し,「たいていの人は,生まれつき善人だと思う」に「全くそう思う」が,そして「法律はどんなときにも守るべきである」,「たいていの人は,良心に照らしてというよりも,罰せられることを恐れて法律を犯すことをしない」に「ある程度そう思う」と「あまりそう思わない」が,そして「たいていの人は見つからなければ,料金を支払わないで映画館などに入る」に「全くそう思わない」,「あまりそう思わない」,「ある程度そう思う」が,そして「どんな場合でもはっきりとした善と悪があり,すべてにあてはまる」が第1軸の原点から左の高信頼感クラスターの側に位置する。これに対して「たいていの人は,生まれつき善人だと思う」に「ある程度そう思う」と「あまりそう思わない」が,そして「目的が本当に正しいものだと確信がもてるときには,法律をやぶることもやむをえない」,「たいていの人は見つからなければ,料金を支払わないで映画館などに入る」に「全くそう思う」が,そして「たいていの人は,良心に照らしてというよりも,罰せられることを恐れて法律を犯すことをしない」に「全くそう思う」が,そして「たい

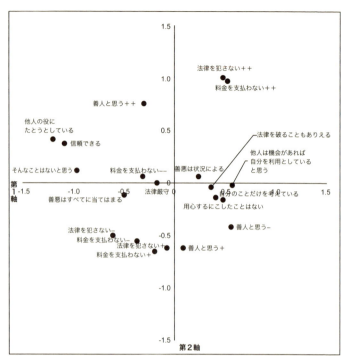

図4 信頼感，性善説，善悪観，法律遵守に対する態度と信頼感尺度項目の回答布置図

ていの場合はっきりとした善と悪はなく，その時の状況による」が第1軸の原点から右の低信頼感クラスターの側に位置する。

これらの結果から，高信頼感の人は性善説を強固に支持し，自分自身は善悪についての明確な道徳・倫理観を持つものの，社会一般に対する見方については，確固たる社会規範（ここでは「見つからなければ，料金を支払わないで映画館などに入る」ということは「全くしない」）と法律を犯さないためのある程度の良

心を持っている人もいると見る一方，必ずしも社会規範を守るとは限らず，良心というより罰せられることを恐れ法律を犯すことはしない人もいるとある程度見ていることがわかる。一方で，低信頼感の人は，性善説をある程度支持する人とあまり支持しない人を含み，目的が本当に正しいものだと確信が持てるときには，法律をやぶることもやむをえないというように法律を柔軟に捉え，善悪についてはたいていの場合はっきりとした善と悪はなく，その時の状況によると考えている。また，社会一般に対する見方については，見つからなければ料金を支払わないという考え方と，良心に照らしてというよりも罰せられることを恐れて法律を犯すことをしないという考え方について，いずれも「全くそう思う」とし，自分自身性善説をある程度支持し，善悪と法律について柔軟な態度を持ちつつも，社会一般の道徳・倫理観については，かなり否定的見方をしていることがわかる。

5. 組織に対する信頼感

社会組織や社会制度に対する信頼感も，これまで数多の調査や論文などで取り扱われてきた（例えばKramer & Cook, 2004; Saunders et.al. 2010; Bachmann & Zaheer 2006 を参照）。ここでは，問13の中でWorld Values Survey (WVS) において用いられている9組織に対する信頼の程度と信頼感尺度3問との関係を分析する。

問13　次に挙げる事柄について，あなたはどの程度信頼できると思いますか。

	非常に信頼で きる	ある程度信頼 できる	あまり信頼で きない	全く信頼でき ない	わからない
1 警察	8.7%	33.4%	33.8%	21.5%	2.7%
2 連邦政府	12.1%	39.6%	29.5%	11.4%	7.3%
3 連邦議会	8.1%	28.3%	33.6%	20.4%	9.6%
4 連邦行政機関	8.4%	35.5%	32.3%	19.1%	4.6%
5 非政府組織 (NPO・NGO)	3.2%	20.7%	32.4%	22.7%	21.0%
6 病院・保健所	14.6%	42.0%	29.3%	10.6%	3.6%
7 社会福祉施設	13.4%	43.4%	25.8%	8.3%	9.1%
8 テレビ	15.8%	49.4%	26.8%	6.8%	1.3%
9 新聞	6.9%	40.5%	36.4%	13.6%	2.6%

　非政府組織（NPO・NGO）は「非常に信頼できる」が5％未満のため分析から除外する。

　分析の結果，図5の布置図によると，第1軸の原点から左側に低信頼感のクラスター，そして右側に高信頼感のクラスターが位置する。それぞれの社会組織に対する信頼の程度は，第1軸の左から右に「全く信頼できない」から「非常に信頼できる」に向かって並んでいる。平面で見ると，問13の9項目の信頼の程度が逆馬蹄形に並び，共通の順序構造を示していることがわかる。第2軸に沿って下方向は両極端の回答，上方向は相対的に中間的な回答が集まっている。そして，高信頼感のクラスターの領域に9つの組織すべてに対する「ある程度信頼できる」と「非常に信頼できる」が位置し，低信頼感のクラスターの領域に9つの組織すべてに対する「全く信頼できない」と「あまり信頼できない」が位置する。

　この結果から，高信頼感の人は，政府や行政組織などに対する信頼も高いことが裏付けられ，ロステイン (Rothstein 2005) がスウェーデンのSOM研究所の2000年調査データを使用して分析した結果などとも一致する。ジョン・ダン (Dunn 1984) は，ジョン・ロックの政治哲学の中核は「政府と市民との関係

Ⅲ　ロシア人の信頼感と意識構造

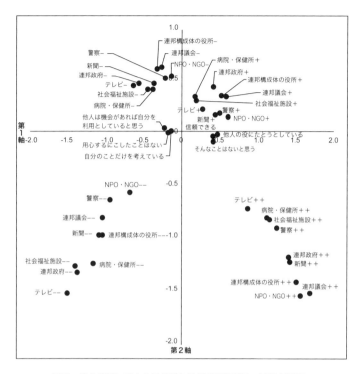

図5　社会組織に対する信頼感と信頼感尺度項目の回答布置図

は，契約に基づくのではなく信頼に基づくこと」と指摘している。また，パットナム (Putnam 1993) はイタリアでの調査結果から，円滑な政府機関の運営は市民との信頼関係が要と指摘している。したがって，ここで取り扱った組織の中でも政府・行政機関に関していえば，東ヨーロッパとロシアで1980年代から慢性化したといわれている政府機関に対する信頼の喪失 (Braithwaite and Levi 1998) は，ロシアでは低信頼感の人に該当したとしても，必ずしも高信頼感の人には該当しないといえる

かもしれない。民主的政治制度が確立したスウェーデンでの調査と十分にそれが確立していないロシアの調査において、高信頼感の人が政府や行政機関に対して信頼できるとした同じ結果が生じたことは興味深い。民主主義制度は人びとが政府機関を信頼することを可能にしてきた（Braithwaite and Levi 1998）との主張があるが、ロシアがより民主主義的国家になった暁には政府・行政機関に対する人びとの信頼がどのように変化するかは今後の歴史を待たなければならない。

6. 信頼感と性格

信頼感と性格の関連については、企業組織における上司と部下との関係や望ましいリーダーシップタイプ等、組織研究の中で実証的に研究がなされてきた (Mayer et al. 1995; Whitener et al., 1998)。因みにワスティとタン（Wasti and Tan 2010）のトルコと中国の多国籍企業の従業員を対象に実施した調査の結果、信頼できる上司の要因として、両国に共通して「正直」が企業調査等でも挙げられている[4]。また、ベイヤー(Baier 1990) は、「信頼」と「正直」は"対をなす美徳"と述べている。ダークスとフェリン (Dirks and Ferrin 2002) によると「公平」が信頼にもっとも関連していて、バナジーら（Banerjee et al. 2006）も公平を信頼関係の倫理的要素として重視している。公平のほかに、「頼りがい」「責任感」も共通して重視されている（Dirks 2006; Wasti and Tan 2010）。その他、ホワイトナーら (Whitener et al. 1998) は「言行の首尾一貫性」を挙げている。ここでの分析に用いた性格に関する質問は、次の問14である。

---
4 能力が2番で博愛的とコミュニケーションスキルが続く。

Ⅲ ロシア人の信頼感と意識構造

問14 あなたは，人と信頼関係を築いていく上で，お互いの性格で重要だと思うものはなんですか。この中から特に重要と思うものを3つ挙げてください。

1 人や物事に対して公平である	37.9%	
2 頼りになる	52.1%	
3 責任感がある	41.4%	
4 寛大である	8.9%	
5 正直である	47.1%	
6 思いやりがある	13.5%	
7 言行が首尾一貫している	17.7%	
8 冷静である	5.5%	
9 博愛的である	10.8%	
10 気さくである	15.6%	
11 考え方が柔軟である	3.9%	
12 エネルギッシュである	3.2%	
13 協調性がある	2.9%	
14 約束を守る	23.3%	
15 人に対して好意的である	3.6%	
16 その他	0.3%	
17 わからない	0.9%	

「考え方が柔軟である」「エネルギッシュである」「協調性がある」「人に対して好意的である」はそれぞれ5％以下の回答しかなかったので分析から除外した。

図6に分析結果を示す。第1軸の原点の左側と右側に高信頼感のクラスターと低信頼感のクラスターがそれぞれ位置し，「寛大」「冷静」「思いやり」「博愛的」「責任感」がそれぞれ左側の領域に位置し，「正直」「約束を守る」「気さく」「言行の首尾一貫性」「頼りがい」「公平さ」が右側の領域に位置する。しかし，「正直」は原点近くに位置し，「公平さ」「言行の首尾一貫性」は，第1軸の右の領域にあるものの，第1軸の原点にかなり近く，第2軸に沿って縦に並んでいる。このことは，第1軸で分かれている高信頼感クラスターと低信頼感クラスターとは独立したものであることを示している。言い換えれば，低信頼感の人のみならず高信頼感の人にとっても人間関係を築く上でこれらの性格が重要であることを意味する。これに対して，「寛大」「冷静」「博愛的」「思いやり」は高信頼感クラスターに近く，「約束を守る」「気さく」は低信頼感クラスターに近い。

この結果から，前述の組織の人間関係において重視される

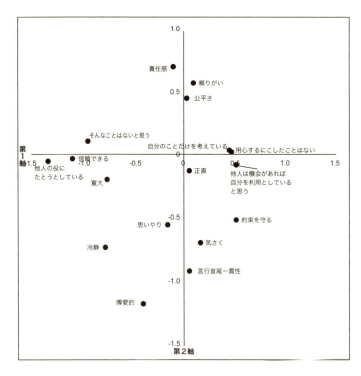

図6　信頼感に関する性格と信頼感尺度項目の回答布置図

「公平」「正直」「言行の首尾一貫性」が，組織に限らず一般社会において人との信頼関係を築いていく上で重要な要素であることが読み取れる。

7.　信頼関係構築の初期段階

　日常生活において互いに未知の人との関係を築く上で初期段階が重要となる。このことは，直接対面する場合でもインター

ネットなどを通して間接的に関係を築く場合でも言える。信頼を構築する上でも同様であり，初期段階では，関係を築く双方が互いに信頼できるかどうか見極めることが容易でなく，不安に駆られる場合が多いと考えられる。そのため相手の情報をできるだけ多く集めようとする (McKnight and Chervany 2006)。また初期に形成された印象は後に確信維持 (belief-maintaining) メカニズムとして固定化される傾向にある (Berscheid and Graziano 1979; Boon and Holmes 1991)。したがって，信頼関係を構築する上で初期段階は極めて重要となる。ここで分析に用いられた質問は，次の2問（問15, 16）である。分析結果は図7に示す。

問15 あなたは，日常生活や仕事などで初対面の人に会う前にどのようなことがあればその人を信頼しやすくなると思いますか。この中からあてはまるものをいくつでも挙げてください。

1 友人の紹介 35.7%	7 取得が難しい資格（医者や弁護士など） 16.1%
2 名声やよい評判 36.0%	8 同じ学校や大学の卒業 4.0%
3 今までの実績 15.9%	9 同じ出身地（同郷） 4.4%
4 口コミや他人からの情報 16.4%	10 その他 2.8%
5 高い社会的または職業上の地位 16.1%	11 初対面の人は信頼できない 20.6%
6 高学歴 18.7%	12 わからない 7.6%

問16 次のような2つの意見があります。あなたの考えはどちらに近いですか。

　1 他人と一緒に仕事などをする前に，まずその人を信頼できるかどうかを確認する　　　　　　　　　　　　　　　　　30.3%

　2 まず他人と一緒に仕事などをしてからその人を信頼できるかどうかを判断する　　　　　　　　　　　　　　　　　　63.7%

　3 その他　　　　　　　　　　　　　　　　　　　　　0.4%

　4 わからない　　　　　　　　　　　　　　　　　　　5.6%

なお，問15で，回答が5%以下の選択肢と「初対面の人は信頼できない」は分析から除外した。

　図7から高信頼感のクラスターと低信頼感のクラスターが第2軸の値によって第1軸の上下の領域に分かれて位置している。これに対して，日常生活や仕事などで初対面の人に会う前にその人を信頼しやすくなる要素は，「友人の紹介」「名声やよい評判」「口コミや他人からの情報」がまとまって第1軸の下の領域に位置し，「難しい資格」「今までの実績」「高学歴」「高い地位」がまとまって第1軸の上の領域に位置している。また「他人と一緒に仕事などをする前に，まずその人を信頼できるかどうかを確認する」は第1軸の下に，「まず他人と一緒に仕事などをしてからその人を信頼できるかどうかを判断する」は第1軸の上に位置する。しかし，これらのまとまりは，第1軸の値によるところが大きく，第2軸の値によって分かれている高―低の信頼感クラスターとの結びつきは強くないことを示している。傾向としては，高信頼感の人は，仕事前に人的ネットワークなどを通しての評判や他人からの情報を得てからその人を信頼できるかどうか判断し，低信頼感の人は，肩書と仕事ぶりや実績を確認してから信頼できるかどうか判断することを意味する。したがって，高信頼感の人は，日常生活や仕事などで初対面の人に会う前に，その人を信頼できるかどうか判断する上で人的ネットワーク，いわゆるコールマン (Coleman 1988) が提唱する社会資本 (social capital) を重視し，低信頼感の人は，個人に付随する学歴，資格や実績などの人間資本 (human capital) (Coleman 1988)[5] を重視することが示唆される。

5　コールマンと類似した概念としてブルデュー (Bourdieu 1984) は資本を，「文

Ⅲ　ロシア人の信頼感と意識構造

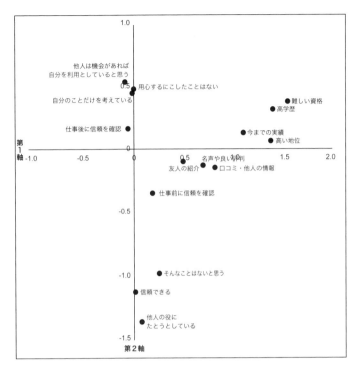

図7　信頼関係構築の初期段階と信頼感尺度項目の回答布置図

8. 総括

　ロシアにおいて，近年信頼についての研究が盛んになってきたものの実証的研究はいまだ少ない。
　この章では，2009年にロシア全土で実施した信頼感に関する意識調査の分析結果をもとに，3つの対人的信頼感に関する

化資本」，「教育資本」，「社会資本」に分類した。

質問の回答パターンを用いて,社会組織に対するなど,他の信頼感に関連する質問項目との関係についてコレスポンデンス分析を行った。

信頼感の社会化については,ロシアにおいても信頼感の社会化と裏切られた経験の有無が成人してからの信頼感の高低に影響を与えているという先行研究結果が再確認された。信頼感の互酬性については,高信頼感の人は強固な互酬性と信頼を裏切らない姿勢が見られた。低信頼感の人は,ある程度の互酬性とある程度の信頼を裏切らない姿勢が見られたが,それらが見られない人もいることが明らかとなった。このことも概ね先行研究を支持した。

信頼感と性善説,善悪,遵法については,高信頼感の人は,自分自身は強固な道徳・倫理観を持つものの,社会一般については,確固たる社会規範を守り,ある程度の良心を持っている人もそうでない人もおり,低信頼感の人は強固な道徳・倫理観を持たず,法律の適用については社会規範から逸脱した考えを持っている。

公的組織に対する信頼感については,高信頼感の人は,問13で取り扱ったすべての項目をある程度または非常に信頼できるとしており,反対に低信頼感の人は,すべての項目において,あまりまたは全く信頼できないとしていて,際立った相違が見られた。

信頼感と性格については,「正直」は両者が重視する性格であるが,「公平」や「言行の首尾一貫性」も高信頼感の人だけでなく,低信頼感の人も重視する性格特性であることが読み取れ,組織の信頼感に関する先行研究結果を再確認した。

最後に,信頼関係構築の初段階については,高信頼感の人は

社会資本を重視し,低信頼感の人は人間資本を重視することが明らかとなった。

　筆者らのロシアにおける全国調査では,先行研究を支持する点と,いくつかの新たな興味深い分析結果が明らかとなったが,これらをロシア人の特殊性と見るか,他の国ぐにとも共通する傾向と考えるかは,今後の国際比較研究結果を待たなければならない。

謝辞:本章では林文氏(東洋英和女学院大学名誉教授)並びに吉野諒三氏(統計数理研究所)から貴重なコメントをいただきました。ここに感謝の意を表します。

文献

Bachmann, R. & A. Zaheer, eds. 2006. *Handbook of Trust Research.* Cheltenham, U.K.: Edward Elgar.

Baier, A. 1986. "Trust and Antitrust." *Ethics* 96: 231-260.

Baier, A. 1990. "Why Honesty is a Hard Virtue." In *Identity, Character, and Morality: Essays in Moral Psychology,* edited by O. Flanagan & A. Rorty. Cambridge: MIT Press, pp. 259-285.

Banerjee, S., E. B. Norman & C. Pavone. 2006. "An Ethical Analysis of the Trust Re-Lationship." In *Handbook of Trust Research,* edited by R. Bachmann & A. Zaheer. Cheltenham, U.K: Edward Elgar, pp. 303-317.

Barber, B. 1983. *The Logic and Limits of Trust.* New Brunswick, N.J.: Rutgers University Press.

Berscheid, E. & W. Graziano. 1979. "The Initiation of Social Relationships and Interpersonal Attraction." In *Social Exchange in Developing Relationships,* edited by R. L. Burgess & T. L. Huston. New York: Academic Press, pp. 31-60.

Boon, S. D. & J.G. Holmes. 1991. "The Dynamics on Interpersonal Trust: Resolving Uncertainly in the Face of Risk." In *Cooperation and Prosocial Behavior,* edited by R. A. Hinde & J. Groebel. Cambridge, U.K.: Cambridge University Press, pp. 190-211.

Bourdieu, P. 1984. *Distinction: A Social Critique of the Judgement of Taste.* Cambridge, Mass: Harvard University Press. (『ディスタンクションⅠ:社会的判断力批判』石井洋二郎訳,藤原書店 1990)

Braithwaite, V. & M. Levi, eds. 1998. *Trust and Governance.* New York: Russel Sage Foundation, pp. 269-314.

Coleman, J. 1988. "Social Capital in the Creation of Human Capital." *American Journal of Sociology* 94: 95-120.

Dirks, K.T. & D. L. Ferrin. 2002. "Trust in Leadership: Meta-Analytic Findings and Implications for Organizational Research." *Journal of Applied Psychology* 87: 611-628.

Dirks, K. T. 2006. "Three Fundamental Questions Regarding Trust in Leaders." In *Handbook of Trust Research,* edited by R. Bachmann & A. Zaheer. Cheltenham, U.K.: Edward Elgar, pp.15-28.

Dryakhlov, N. I., A. Ishikawa, A. B. Kupreychenko, M. Sasaki, Zh. T. Toshchenjko & V. D. Shadrikov. 2013. *Trust in Society, Business and Organization.* Moscow: National Research University Press.

Dunn, J. 1984. "The Concept of Trust in the Politics of John Locke." In *Philosophy and History,* edited by R. Rorty, J. B. Schneewind & Q. Skiner. Cambridge: Cambridge University Press, pp. 279-302.

Erikson, E. 1950/1963. *Childhood and Society* (Second edition). New York: W.W. Norton.

Glaeser, E. L., D. I. Laibson, J, A. Scheinkman & Ch. L. Soutter. 2000. "Measuring Trust." *The Quarterly Journal of Economics* 115: 811-846.

Gouldner, A. 1960. "The Norm of Reciprocity: A Preliminary Statement." *American Sociological Review* 25: 161-178.

Greenacre, M. & G. Blasius, eds. 1994. *Correspondence Analysis in the Social Sciences.* London: Academic Press.

Hardin, R. 2002. *Trust and Trustworthiness.* New York: Russell Sage Foundation.

Hearn, F. 1997. *Moral Order and Social Order: The American Search for Civil Society.* New Brundwick: Aldine de Gruyter.

Hollis, M. 1998. *Trust within Reason.* Cambridge, U.K.: Cambridge University Press.

Holmes, J. G. & J. K. Rempel. 1989. "Trust in Close Relationships." In *Review of Personality and Social Relationships: Vol. X. Newbury Park,* edited by C. Hendrick.Calif: Sage, pp. 187-219.

Kolm, S-Ch. 2008. "Reciprocity in Trust and Intrinsic Values." In *Reciprocity: An Economics of Social Relations,* by S-Ch Kolm. New York: Cambridge University Press, pp.185-191.

Konovalov, O. 2014. *Hidden Russia: Informal Relations and Trust.* Birmingham, U.K.: Wren Publications.

Kramer, R. M. & K. S. Cook, eds. 2004. *Trust and Distrust in Organizations.* New York: Russell Sage Foundation.

Le Roux, B. & H. Rouanet. 2010. *Multiple Correspondence Analysis.* Los Angeles: Sage.

Luhmann, N. 1980. *Trust and Power.* New York: Wiley.

Markova, I. & A. Gillespie. 2008. *Trust and Distrust: Sociocultural Perspectives.* Charlotte. N.C.: Information Age Publishing.

Mayer, R. C., J. H. Davis & F. D. Schoorman. 1995. "An Integrative Model of Organizational Trust." *Academy of Management Review* 20: 709-34.

McKnight, D. H. & N. L. Chervany. 2006. "Reflections on an Initial Trust-Building Model." In *Handbook of Trust Research,* edited by R.Bachmann & A. Zaheer. Cheltenham, UK: Edward Elgar, pp. 29-51.

Mikulincer, M. 1998. "Attachment Working Models and the Sense of Trust: An Exploration of Interaction Goals and Affect Regulation." *Journal of Personality and Social Psychology* 74: 1209-1224.

Miller, A. S. & T. Mitamura. 2003. "Are Surveys on Trust Trustworthy?" *Social Psychological Quarterly* 66(1): 62-70.

Miller, P. J. E. & J. K. Rempel. 2004. "Trust and Partner-Enhancing Attributions in Close Relationships." *Personality and Social Psychology Bulletin* 30: 695-705.

Murnighan, J. K., D. M. Malhotra & M. Weber. 2004. "Paradoxes of Trust: Empirical and Theoretical Departures from a Traditional Model." In *Trust and Distrust in Organizations,* edited by R. Kamer & K. Cook. New York: Russell Foundation, pp. 293-326.

Newton, K. 1997. "Social Capital and Democracy." *American Behavioral Scientist* 40: 575-586.

Nissenbaum, H. 2004. "Will Security Enhance Trust Outline, or Supplant It? " In *Trust and Distrust in Organizations,* edited by R. Kramer & K. Cook. New York: Russell Sage Foundation, pp. 155-188.

Paxton, P. 1999. "Is Social Capital Declining in the United States? A Multiple Indicator Assessment." *American Journal of Sociology* 105: 88-127.

Putnam, R. 1993. *Making Democracy Work: Civic Traditions in Modern Italy.* Princeton, New Jersey: Princeton University Press.

Reeskens, T. & M. Hooghe. 2008. "Cross-Cultural Measurement Equivalence of Generalized Trust. Evidence from the European Social Survey (2002 and 2004)." *Social Indicators Research* 85(3): 515-532.

Rommetveit, R. 1974. *On Message Structure: Framework for the Study of Language and Communication.* London: Wiley.

Rotenberg, K. J. 1995. "The Socialization of Trust: Parents' and Their Children's Interpersonal Trust." *International Journal of Behavioral Development* 18:713-726.

―――. 2010. "The Conceptualization of Interpersonal Trust: A Basis, Domain, and Target Framework." In *Interpersonal Trust During Childhood and Adolescence,* edited by K.J. Rotenberg. New York: Cambridge University Press, pp. 8-27.

Rothstein, B. 2005. *Social Traps and the Problem of Trust.* Cambridge, UK: Cambridge University Press.

佐々木正道（編）．2014.『信頼感の国際比較研究』中央大学出版部

Sasaki, M., Yu. Latov, G. Romashkina & V. A. Davydenko. 2010. "Trust in Modern Russia." *Macroeconomic Policy, Voprosy Economiki.* No.2, pp. 83-102.

Sasaki, M., V. A. Davydenko, G. S. Romashkina & N. V. Latova. 2009. "Problems and Paradoxes of Institutional Trust as an Element of Social Capital in Modem Russian Analysis." *Journal of International Studies* 1(1): 20-35.

Saunders, N.K., D. Skinner, G. Dietz, N. Gillespie & R. L. Lewicki, eds. 2010. *Organizational Trust.* Cambridge, UK: Cambridge University Press.

Schrader, H. 2004. *Trust and Social Transformation: Theoretical Approaches and Empirical Findings from Russia.* Berlin: Lit Verlag.

Schwarz, N. 1999. "Self-Reports: How the Questions Shape the Answers." *American Psychologist.* 54: 93-105.

Six, F. 2005. *The Trouble with Trust. Northampton,* MA.: Edward Elgar Publishing.

Smith, T. W. 1988. "The Ups and Downs of Cross-National Survey Research." *GSS Cross National Report,* No. 8. Chicago: National Opinion Research Center, University of Chicago.

Tyler, T. R. 1998. "Trust and Democratic Governance." In *Trust and Governance,* edited by V. Braithwaite & M. Levi. New York: Russel Sage Foundation, pp. 269-314.

Uslaner, E. M. 2002. *The Moral Foundations of Trust.* New York: Cambridge University Press.

Walker, J. & E. Ostrom. 2009. "Trust and Reciprocity as Foundations for Cooperation." In *Whom Can You Trust?: How Groups, Networks, and Institutions Make Trust Possible,* edited by K.Cook and M. Levi & R. Hardin. New York: Russell Sage Foundation, pp. 91-124.

Wasti, S. A. & H. H. Tan. 2010. "Antecedents of Supervisor Trust in Collectivist Cultures: Evidence from Turkey and China." In *Organizational Trust,* edited by M. N. K. Saunders et al. Cambridge, U.K.: Cambridge University, pp. 311-335.

Welch, M. R., R. E.N. Rivera, B.P. Conway, J. Yonkoski, P.M. Lupton & R. Giancola. 2005. "Determinants and Consquences of Social Trust." *Sociological Inquiry* 75:453-473.

Whitener E. M., S.E. Brodt, M. A. Korsgaard & J.M. Werner. 1998. "Managers as Initiators of Trust: An Exchange Relationship for Understanding Managerial Trustworthy Behavior." *Academy of Management Review* 23:513-30.

Wilkes, R. 2011. "Re-thinking the Decline in Trust: A Comparison of Black and White Americans." *Social Science Research* 40:1596-1610.

Yamagishi, T., M. Kikuchi & M. Kosugi. 1999. "Trust, Gullibility, and Social Intelligence." *Asian Journal of Social Psychology* 2(1):145.

吉野諒三・芝井清久・二階堂晃. 2014.『アジア・太平洋価値観比較――総合報告書――』統計数理研究所, 調査レポート No.117.

IV　信頼感の持ち主と不信感の持ち主
その社会的・心理的特徴の比較分析

アッラ・クプレイチェンコ

イリーナ・メルシヤノヴァ

1.　研究の目的と調査の方法

　ひとくちに「信頼」とか「不信」とかいっても，その意味内容や社会的機能は多様であり，しかもそれは信頼主体の社会的・個人的特性によって分化している。われわれはこのような視点からロシア社会における信頼/不信の構造を分析し，信頼研究における量的方法と質的方法との接合を試みる。

　本稿での研究は，市民社会の状態をモニターするために代表サンプルの抽出によって全国規模で実施された調査の結果を用いている。この調査研究は国立研究大学経済学院の基礎研究プログラムの中で市民社会・NPOセクター研究センターによって実施された。回答者サンプル数は2,000とし，サンプルはチェチェン共和国を除くロシア連邦の18歳以上の人口から無作為に抽出された。調査の実施は2011年11月24日から27日にかけて全ロシア世論財団（All-Russian Public Opinion Foundation）によってなされた。データ収集は標準化された質問票を用いて，回答者の自宅で対面的な個人面接で行われた。設問への回答は，被質問者が回答リストの中から（場合によっては回答リストのカードを見ながら）もっとも妥当する答（単一あるいは複数）

を選ぶ，という形をとった。

2. 他者に対する信頼の4類型

　われわれの調査データの分析から，他者に対して信頼感または不信感を抱いている回答者の社会的・心理的特徴を描き出してみよう。「あなたは，たいていの人は信頼できると思いますか，それとも，用心するにこしたことはないと思いますか」という質問に対して，〈信頼できる〉と答えたのは回答者の約5分の1（22%）である。この回答者を「信頼感の持ち主」グループとする。これに対してその約3倍半の回答者（75%）は〈用心するにこしたことはない〉と答えている。この人びとは「不信感の持ち主」グループとする。無回答は約4%であった。

　興味あることに，この2つのグループに共通して，人びとは近年互いを信頼しなくなってきているとみる回答者が多数にのぼる。「信頼感の持ち主」の50%，「不信感の持ち主」の75%がそれである。互いを信頼する人が増えていると答えた者はそれぞれ14%と3%にすぎない。

　もうひとつ注目に値するのは，市民社会状態のモニターを7回行ったなかで，「信頼感の持ち主」と「不信感の持ち主」の割合はそれぞれ18〜22%と75〜78%と，ほとんど変わりがなかった点である。社会的信頼のレベルは1989年の54%（ロシア世論調査研究センターのデータ）から2007年の18%（世論財団のデータ）へと低下した。ソヴィエト時代には54%だった社会的信頼のレベルは1990年代には25%に低下し，1991年には38%で，その後漸次下がって1995年以降は24%を下回ったままである（Patrushev 2007: 33）。

IV 信頼感の持ち主と不信感の持ち主

　「一般の人たち」に対する信頼と「身近な人たち」に対する信頼とを区別してそれぞれの割合を析出してみると，われわれの研究目的に迫った知見が得られるかもしれない。われわれの質問票の中ではこの2つが別々に問われている。表1に見るように，「一般の人たち」を信頼するという回答者の中で「身近の人たち」を警戒する者は12%である。他方，「一般の人たち」を信頼しないという回答者の中で「身近の人たち」を信頼するという者は46%を占める。したがって，設問の文言は似ていても人は対象の違いによって異なる信頼感を表明しており，異なる信頼類型が並存することがここに見てとれる。

表1　一般の人たちに対する信頼と身近な人たちに対する信頼 (%)

	概して人は信頼できる	人には用心するにこしたことはない	無回答
身近な人たちは信頼できる	87	46	56
身近な人でも用心が必要	12	48	28
無回答	1	6	16
計	100	100	100

　これら2つの設問を組み合わせると次の4つのグループが浮かび上がる。
1. 身近な人を含めて他者一般を信頼している人びと。
2. 他者一般に対しては信頼しているが，身近な人に対しては警戒している人びと。
3. 他者一般に対して警戒しているが，身近な人に対しては信頼している人びと。
4. 身近な人も含めて他者一般を警戒している人びと。

　しかしこの4つのグループを挙げただけでは，われわれの研究の核心に迫るには不十分である。これらの各グループはそれぞれいくつかの信頼の型を含んでいるからである。たとえば身

近な人を含めて他者をすべて信頼している者は，単純素朴な，世間知らずの，間抜けなお人好しかもしれないし，他者のため，皆のために生きている愛他的，人道的で宗教的な人物かもしれない。

したがってわれわれは，回答者の社会的心理的特性を見極めながら回答分布を個々に分析していく必要がある。ここでわれわれは回答者の特徴を彼らの社会的個人特性に即して分析していくこととする。

3. 信頼感と社会的個人的特性

(1) 信頼感と学歴

学歴水準との関係で回答分布をみてみると（表2），低学歴の人びとは一般に他者を信頼している傾向がある。おそらくこれは，高学歴の人びとが非人格的な機能的システムの中に身を置いているのに対して，低学歴の人びとは様ざまな直接的人間関係に包絡されているという傾向があるからだろう。

表2 学歴別にみた信頼感の分布（%）

	回答者全体	学歴				
		中等学校未卒	中等学校	職業訓練学校	専門中等学校	大学
構成比（%）	100	10	26	7	37	20
概して人は信頼できる	22	27	20	19	21	24
人には用心するにこしたことはない	75	69	76	77	76	73
無回答	4	4	4	4	4	3

しかし他者一般に対する信頼の度合いに関しては，最低学歴者と最高学歴者との間にわずかの差しか認められない。おそらく両者の間で信頼の根拠が異なるからかもしれない。つま

り，最低学歴者が持つ信頼感は一種の自然的なものに根差しており，他方，最高学歴者の信頼感は彼らの社会的能力に対する確信から来ているとみられる。

(2) 信頼感と収入

　収入の高さとの関係で回答分布をみると，最貧層（月収6,000ルーブル未満）は不信感に傾斜しているが，その他の所得階層の間には有意な差がみられない。同様な傾向は家族の購買力に対する回答者の自己評価にも表れている。食費も不足しているという人びとは他者に対して警戒心を持っている（88%）が，他者に警戒心をあまり抱いていないのは，衣服費は十分あるが家具を買うだけの財力がない人びとであり（70%），しかし自動車を買う余裕のある回答者の中では他者に警戒心を持つ者が76%にのぼる。つまり豊かさの度合いや経済的地位の高さは他者に対する信頼感と直線的な相関をしていない。

(3) 信頼感と就業上の地位

　就業上の地位から回答分布をみると，他者をもっとも信頼していないのは管理者である。彼らの83%は他者に警戒心を抱いている。この点で失業者と現業労働者との間に差はほとんどない（77%と78%）。信頼感が高いのはホワイトカラー従業員，技師・技術者，専門職者であり，彼らの25〜26%は他者一般を信頼していると回答している。これに対してそのような回答をしている管理者や失業者や現業労働者は16-19%にとどまる。特に目立った回答結果がみられるのは学生の場合であり，警戒心を抱く者がもっとも少なく，69%にとどまる。彼らの間で信頼感が比較的高いのは，生活経験の不足だけでなく，自

分自身の世界を切り開き，新しい未知のすべての事物を受容する，人格発達の自然な段階の表われでもあろう。

(4) 信頼感と居住地

回答者の居住地タイプの違いから回答分布をみると，他者一般を信頼しているのが多いのは人口100万以上の大都市に住む人びとであるが，モスクワ居住者の場合は例外で，それがもっとも少ない（表3を参照）。

表3 居住地人口規模別にみた信頼感の分布（%）

	回答者全体	居住地					
		モスクワ	百万人以上の都市	25万人～百万人未満の都市	5万人～25万人未満の都市	5万人未満の都市	村落
構成比	100	7	11	16	19	20	27
概して人は信頼できる	22	18	28	22	22	19	21
人には用心するにこしたことはない	75	80	70	75	75	76	75
無回答	3	2	2	3	3	5	4

地区別に見ると，信頼感がもっとも高いのは北西地区で，もっとも低いのはウラル地区と極東地区である（表4を参照）。

表4 居住地区別にみた信頼感の分布（%）

	回答者全体	地区						
		中部	北西部	南部・北コーカサス	ボルガ	ウラル	シベリア	極東
構成比	100	26	10	14	21	8	16	5
概して人は信頼できる	22	26	33	18	21	14	18	11
人には用心するにこしたことはない	75	70	63	78	76	82	77	88
無回答	3	4	4	4	3	4	5	1

Ⅳ 信頼感の持ち主と不信感の持ち主

(5) 信頼感と民族

　この調査で統計的に有意な民族はロシア人とタタール人だけであって、他の民族は統計分析に耐えるほどのサンプル数に欠ける。したがってここで言えるのは、タタール人の方がロシア人よりも他者を信頼する者が多い（ロシア人21％に対してタタール人27％）ということである。

　多様な地域から抽出された回答者から浮かび上がってくる特徴点は、社会経済的生活条件、ビジネス文化とその伝統の違いが人びとの信頼感の如何を決める有意な要因だということにある。所与の地域における経済発展の水準、汚職腐敗と犯罪の頻度もまた、重要な要因である。たしかにもっとも発展した地域では個人にとっても発展の機会が大きいが、その反面、そこはリスクと競争の場であり、さまざまな危険と「正直者を引っかける罠」に満ちている。

　ある種の個人的特質はこうした環境の影響をある程度中和しうる重要な作用因である。宗教性や楽観主義などがそうである。以下のデータはこの観点を支持する。

(6) 信頼感と宗教性

　回答者の回答分布から、宗教生活に浸っている者は他者を信頼する傾向があり、警戒心を抱く者が少ないことがわかった。他者には用心すべきだと答えた回答者のうち、宗教心のある者は19％で、宗教離れしている人びとの場合には23％であった。宗教離れしている人たちの中では、他者一般を信頼できるという者（16％）も身近な人びとを信頼できるという者（15％）も少なかった。

　宗教とのかかわりの深さも有意な要因である。信仰心はある

が宗教行事には参加しないという回答者の場合には、信頼感を持つ者（35%）は警戒心を持つ者（40%）よりも少ない。しかし宗教との関わりがもっと深くなると、その割合は逆転する。他者一般を信頼できると考える回答者の34%は信仰心があるだけでなく宗教行事に参加しており、他方、他者には用心すべきと考える者のなかで宗教行事に参加するのは25%だけである。宗教との関わりの深さによるこの違いは、身近な人びとに対する信頼感の度合いについてもいえる。たんに宗教行事だけでなく、教会の儀式や教区の活動（ボランティア活動あるいは慈善活動など）にも積極的に参加するという回答は数が少なかったため、統計分析に耐えられず、観察から除外した。

(7) 信頼感と近未来に対する楽観ないし悲観

この指標は設問「ご自身の近未来について考えたとき、あなたは楽観的ですか、悲観的ですか、それとも楽観と悲観が混合していますか」によって測定する。他者に信頼感を持つ者は楽観主義者の中では28%、悲観主義者の中では16%で、警戒心を持つ者はそれぞれ68%と82%である。

人びとの間の信頼感が近年どう変わったかという設問に対しても、回答分布は楽観主義者と悲観主義者とで差がある。悲観主義者は77%が人びと相互の信頼感が低下したと答えているのに対して、楽観主義者の場合は61%である。

身近な人たちに対する信頼感に関しても、上で見た他者一般に対する信頼感の場合と同様な傾向が見られる。身近な人たちを信頼するという回答は、楽観主義者では64%だが、悲観主義者では47%である。そして、身近な人に対しても用心が必要という回答は、楽観主義者では32%だが悲観主義者では

49％にのぼる。

　以上の発見は，なんらかの個人的資質が人の信頼感を左右するという仮説を支持する。これはまた，学歴水準とそれに伴う社会的能力は他者に対する信頼感を高めるということ，つまりそれは人間個人の「堅固と弾性」に寄与する資源であるということにも照応している。
　その一方でわれわれは，単純素朴な心性，生活経験の乏しさ，学歴の低さ，相対的に安定した，競争の少ない環境の中での生活と労働といった要因も——上述の点とはまったく異なる理由から——信頼感を高めることを見てとった。

⑻　信頼感と公民としてのアイデンティティ
　次に，他者への信頼感と自分の公民としてのアイデンティティとの関連をみていく。表5にみるように，公民としてのアイデンティティを強く持つ者は他者一般を信頼する傾向がある。興味あることに，他者への信頼感がやや低い人びとは公民としてのアイデンティティをそれほど強くは持っていないが，公民としてのアイデンティティが全然ないという者の場合はそれよりはやや高い信頼感を持っていて，その水準は公民的アイデンティティをかなり持っている者とほぼ同程度であって，回答分布に直線的な関係はみとめられない。

表5 公民としてのアイデンティティの程度別にみた他者一般への信頼感の分布（%）

	回答者全体	あなたは自分自身を国家の一市民と見なしていますか				
		完全にそうだ	だいたいそうだ	あまりそうでない	全然そうでない	無回答
構成比	100	32	41	18	5	4
概して人は信頼できる	22	28	20	15	20	18
人には用心するにこしたことはない	75	68	76	83	78	75
無回答	3	4	4	2	2	7

　身近な人に対する信頼感についても，やはり直線的な回答分布関係はみられない。表6にみるように，公民としてのアイデンティティを十分に持っている者は概して身近な人びとを信頼している傾向があるが，それを十分にではないがだいたいは持っているという者は，身近な人にも警戒心を抱いている傾向がある。そして，公民としてのアイデンティティを全然持たない者が身近の人に対して抱く信頼感の水準は，公民としてのアイデンティティをだいたい持っているという者のそれとほぼ同じである。

表6 公民としてのアイデンティティの度合い別にみた身近な人に対する信頼感の分布（%）

	回答者全体	あなたは自分自身を国家の一市民と見なしていますか				
		完全にそうだ	だいたいそうだ	あまりそうでない	全然そうでない	無回答
構成比	100	32	41	18	5	4
身近な人は信頼できる	55	62	56	43	53	56
身近な人でも用心するにこしたことはない	39	33	39	51	42	35
無回答	6	5	6	6	5	10

しかし，近年人びと相互間の信頼は増しているか減じているかという問いに対する回答の分布は，上でみたこととは異なるパターンをなしており，直線的な相関関係がみとめられる。公民としてのアイデンティティをあまりあるいは全然感じていないという回答者は，人びととの間の相互信頼は低下していると見がちである（74%）のに対して，公民的自覚をだいたいあるいは十分に持っているという回答者はあまりそのような見方をしていない（64～67%）。

　最初の2つのケースでは，信頼感と公民としてのアイデンティティの関係の特徴，つまり公民的自覚が弱いか全然ない者は信頼感が低いということは，そのような人びとは優柔不断であり，社会の中に安定した居場所を欠いていて，コミュニティとの繋がりが弱く，あるいはそれを「喪失」していることを意味しているかもしれない。これに対して肯定的にせよ否定的にせよともかく社会の中に居場所を見出している者は，自分自身に確信を持っており，結果として周囲の人びととの間に信頼に基づく関係を築くことができているとみられる。

(9)　信頼感と自分の社会的能動性に関する自己評価

　自分を社会的に能動的だと見ている人は，自分をそう思っていない人にくらべて，たいていの人は信頼できると信じている傾向がある（前者26%，後者19%）。逆に，社会的に能動的だと自己評価している人はそうでない人にくらべて，周りの人に対する警戒心が低い（前者70%，後者77%）。

　しかし，人びと同士の信頼は近年変わったかという問いに対しては，両者の間にほとんど差がない。だが身近の者に対する信頼感に関しては両者間に差がある。社会的に能動的だと自認

する者はそうでない者に比べて、身近の人への信頼感を抱いている傾向がある（前者59%，後者54%）。

(10) 信頼感とボランティア経験

調査結果の分析から、コミュニティ・サービス，とりわけボランティア活動への参加経験が他者への信頼感と相関していることがわかる。他者を助ける何らかのボランティア活動を過去にしたことがある者は、その経験がない者よりも他者一般を信頼している（24%対19%）。これに対して、他者に警戒心を抱く者はボランティア経験者よりも非経験者の方が多い（72%対77%）。

このような特徴は、身近な人に対する信頼態度にも見てとれる。他者を助けるコミュニティ・サービスの経験がある人はそうでない人よりも、身近な人びとに対しても信頼感を持っている者が多い（58%対53%）。

(11) 信頼感と献金行為およびボランティア活動参加意思

金銭的余裕があるのに義援金を出したがらない者は、身近な人に対してさえあまり信頼しておらず、その過半数（55%）は身近な人たちに対しても警戒を怠ってはいけないと答えており、身近な人はたいてい信頼できるという者は37%にすぎない。したがって、他者に信頼感を持つ人たちは慈しみ深く社会的に責任感が強い——とくに障害者や高齢者に対して——という傾向が見てとれる。当然、他者を信頼する人たちは、慈善活動や社会サービスなど支援活動の諸媒体に対しても、強い信頼感を抱いている。

「あなたは今後2，3年の間になんらかの公共的組織，市民的

自主活動，あるいは非営利組織に参加してみたいと思いますか。もしそうだとしたら，どんなタイプの組織に参加するでしょうか」という設問に対する回答には，明確な違いが見出せる。他者を信頼しない回答者が信頼する回答者を上回っているのは1指標（「報酬があれば働きたい」）についてだけであり，その他の指標，つまり，無報酬で，あるいは自ら寄金を出して組織に進んで加入するとか，自主活動に参加するとか，ボランティアとして働くとか，集会やその他のイベントに出席するといった指標においては，他者に信頼感を持つ回答者のほうがそうでない回答者を上回っている。

⑿　信頼感と他者からの援助の受容意思

　身近に困っている人がいたら助け船を出すかどうかという設問に対する回答傾向は，自分が困った時に身近な他者からの助けを受け入れるかどうかに関する回答傾向とみごとに符合している。助けを受け入れるという人たちは，受け入れないという人たちにくらべて，他者への信頼感が明らかに高い（他者を信頼しているという回答者の89%は親類の助けを受け入れるといい，77%は友人知人の助けを受け入れると回答）。他者を信頼しないという回答者の場合は，親類からの助けを受け入れるという者は82%に上るが，友人知人からの助けを受け入れるという者は56%にとどまる。他者の助けを受け入れるという態度については二通りの解釈が可能である。ひとつはオープンな心を持ち，親愛な人たちに前向きな期待を抱いているからだという解釈，もうひとつは他者に依存して生き，さらには（ひどくなると）福祉頼りの精神にどっぷり浸かっているからだという解釈である。また，信頼感を欠く人びとに関しては，独立的精神

と自立的行動の持ち主だからだという解釈か，家族や親しい人たちに負担をかけまいとするからだという解釈が成り立つだろう。

　信頼感のある人びとが困難な状況にあって身近な者からの助けを受け入れるという傾向は，同じ困難な状況にある未知の人たちからの助け，NGOや任意団体のメンバー，政府機関や公共サービスのボランティアや職員からの助けに関してもあてはまる。

⒀　信頼感と消費スタイル

　ここでの信頼感分析で依拠するのは，ピープル21（People-21）の生活スタイルである。このプログラムは世論財団によって開発され確証されたもので，多くの研究でその識別能力が明らかにされている（Petrenko 2010; Petrenko & Kaplun 2011）。ピープル21とは企業やその他の組織が提供してくる様ざまな生活機会を取捨選択しながら，自分自身の新しい生活実践を採用している諸個人である。彼らは普通のロシア人とは有意に異なる社会的実践者の特別な社会層をなしている。彼らは自分自身の未来を設計し，社会的物質的資源を自覚的に蓄積し動員する能力があり，社会の中で自立的な継続性を見せている。世論財団によるピープル21のテストは回答者の「異質的」な生活スタイルの諸相を解明する手段として使われている。それは革新的消費者行動に基づく，今日のロシア社会を象るロシア人の生活諸スタイルを描き出すのに用いられている。たとえば市場に新たに登場した物品，サービス，娯楽など（フィットネス，ビューティサロン，インターネット，スマートフォン，等々），あるいは最近までロシア人には利用できなかったもの（たとえ

ば保証金と小売貸付といった個人向け銀行サービスなど）がそれである。

このプログラムは、「カードに記されている各項目をご覧になって、そのなかから過去2，3年の間にあなたがなされたことをお答えください」という設問に対する回答からなっており、その項目としてあげられているのは、(1)銀行ローン、(2)クレジットでの買い物、(3)コンピュータの使用、(4)インターネットやEメールの使用、(5)車の運転、(6)外国旅行、(7)銀行カードでの支払い、(8)外貨の使用、(9)ビューティサロンへの通い、(10)家事・育児・介護などのサービス、(11)航空、(12)スポーツ用品やキャンピング用具の購入、(13)フィットネスセンターやジムでのトレーニング、(14)株や債券への投資、(15)宅配の利用、(16)教育の継続、(17)携帯電話の利用、(18)スマートフォンの使用、である。これらのうち5つ以上を挙げた回答者はピープル21に入るものとされる。

これらに対する回答から次の4つのグループが構成される。(1)ビジネス人間、(2)コンピュータ・ファン、(3)借入れ人間、(4)アウトサイダー、である。

ビジネス人間とは、海外旅行に行ったとか、その他いくつかの項目をあげた回答者である。

コンピュータ・ファンとは、ビジネス人間を除く他の回答者の中で、インターネットを使用し、さらにいくつかの項目をあげた人たちである。

借入れ人間とは、ビジネス人間とコンピュータ・ファンを除く回答者のなかで、クレジットを使ったとか、他のいくつかの項目をあげた人たちである。

アウトサイダーとは、外国旅行に行かず、インターネットも

使わず,銀行から借り入れしたこともない人たちである。

　このソシオグラフィの方法を使って分析すると,各グループの世代的特徴が明瞭に見てとれる。アウトサイダーを代表しているのは伝統的消費スタイルに従っている高齢世代である。借入れ人間の多くは伝統的消費スタイルから近代的なそれへの「移行」過程にある中年世代である。彼らの一部にとってはコンピュータの使用は簡単にできて楽しくもあるが,他の一部にとってはただ興味があるだけにとどまり,さらに他の一部にとっては受け入れがたく承認できないことである。コンピュータ・ファンは近代的消費スタイルを持った若年世代から成り立っている。彼らはネットの子ども,ウエッブ・サーファー,ブログの積極的な利用者で,彼らの生活の中ではインターネットが重要な役割を演じている。ビジネス人間もまた現代的消費スタイルを持つ若年世代の一部をなしている。アウトサイダーや借入れ人間とは違って,彼らにとってインターネットは生活スタイルというよりもむしろ,クレジットやビジネス朝食のような,ただの道具にすぎない。

　4つのグループのうち他者一般に対する信頼感の持ち主がもっとも多いのは,ビジネス人間であり(25%),もっとも少ないのは借入れ人間である(18%)。その逆に他者に警戒心を持つ者は借入れ人間の中では78%であるのに対して,ビジネス人間の中ではそれより少なく,73%である。借入れ人間はまた,過去数年間を振り返って人びとの間で信頼感が増したかどうかという点に関して懐疑的である。借入れ人間の73%はそれの低下を指摘しており,これに対してビジネス人間の場合は68%である。

　もちろんこの種の類型分析は事象を単純化して描き出してい

る。変数の数が限られているからである。しかしあえてここで分析結果を一般化して市民の類型的把握を試みると，以下のように要約される。

4. 信頼感の社会的・経済的・心理的規定要因

これまでに観察したデータを一般化すると，他者に対する信頼感の水準はその人がどんな特徴をそなえた人間なのかで異なるという結論を導き出すことができるが，包括的な社会的，経済的，心理的諸変数を通して確認しうる一般的なパターンがある。表7は信頼感の持ち主とそうでない人びととにおけるこれらの変数を要約的に示している。この表は信頼感を持つ人と不信感を持つ人との有意な相違を示す特性だけを載せている。

表7 「信頼感」の持ち主と「不信感」の持ち主の社会的・経済的・心理的諸特徴

	不信感の持ち主	信頼感の持ち主
学歴		低学歴 / 高学歴
収入	月額6,000ルーブル未満	
購買力（自己評価）	食費も不足 / 自動車を買える	
従業上の地位	管理職 / 失業者 / 現業労働者	学生
居住地	人口5万未満都市 / モスクワ	人口100万以上都市
連邦内の地区	極東 / ウラル	北西部
宗教との関係		信仰深い
楽観主義 / 悲観主義		楽天主義
公民としてのアイデンティティ	あまりない	
社会的能動性（自己評価）		社会的に能動的
コミュニティ・サービスへの参加経験		経験あり
他者に助けの手を差し伸べたい気持ち	金銭的余裕があっても貢献や寄金をしたがらない	
他者の助けを受け入れるかどうかの気持ち	他者の助けを受けたがらない	
消費スタイル	伝統的スタイルから近代的スタイルへの移行期にある中年層	現代的消費スタイルを身につけた若年層

指摘しておかねばならないのは，変数のすべてが他者への信頼感と直線的相関をしているとは限らないという点である。表に示した諸特性のもっともふつうの組み合わせを分析してから，信頼感を持つ人と不信感を持つ人の集合的イメージを描き出してみよう。
　不信感の持ち主の特徴は以下のように描ける。

　－　モスクワ居住者，管理職，購買力あり，無宗教者，他者の助けを受けたがらない人。
　－　小さな村落の居住者，極東またはウラル地区の現業労働者，中年，伝統的消費スタイルから現代的消費スタイルへの移行過程の人。
　－　自分の将来を悲観視している失業者。
　－　公民としてのアイデンティティを表明しない人，金銭的余裕があるのに困っている人たちを援助したがらない人。
　－　低所得者，無宗教者（おそらくホームレスまたは縁辺集団出身者）。

　信頼感を持つ典型的な人物像の特徴は次の通りである。
　－　低学歴の者，宗教心があり，喜んで他者を助け，他者の助けも受ける人。
　－　ロシア連邦北西地区で，人口百万以上の都市（モスクワは別）の居住者，高学歴者，社会活動に能動的な人びと。
　－　自分の将来に楽観的な学生，社会活動に能動的で，コミュニティ・サービス活動の経験あり。

Ⅳ　信頼感の持ち主と不信感の持ち主

　もちろん上にあげた諸要因の組合せはほかにもありうるが，ここでは他者への信頼感の高さ・低さと相関する社会的，経済的，地域的，その他の諸要因のセットからもっとも認識可能なバージョンを取りあげてみた。ここにあげた仮説的諸タイプの分析を進めると，まったく異なる人びとが同じ水準の信頼感を示していることもわかってくる。

　不信感の持ち主の異なるタイプを比較すると，それぞれの人間類型における信頼感／不信感の特徴を確認することができる。ビジネス・リーダーが抱く不信感は彼らの職業的環境の産物であり，防衛機能として役立っているが，失業者が持つ不信感は外部世界に対する彼らの一般的な否定的態度と将来に対する怖れを反映したものである。閉鎖的コミュニティ出身の人びとが抱く不信感は，自然的，歴史的な根がある。社会の縁辺に追いやられ脱社会的になっている人びとは，社会に対して敵意を抱き，その増大を社会に対する警告だと考えている。

　信頼感の持ち主の場合もいろいろなタイプがあって，それぞれ外部世界に対して異なる見方をしている。学生の場合は社会との関わりの経験がまだ乏しいので，現実に根差した根拠を欠いており，それが彼らの楽観的な世間観や外部世界に対するオープンな姿勢に反映している。このタイプの信頼感は「先行的」と呼べよう。深い精神生活を送る人びとにおける信頼感は宗教を土台としている。他方，高学歴層や市民活動経験者における信頼感は，「ヒューマン的」と呼べよう。

　ここであげたどのタイプの人たちも社会や経済の諸条件が変化することに敏感であろう。その変化のなかで人びとの信頼感は増すという者もいれば，逆に不信感が増す兆しだとみる者もいる。これはどんな変化についてもいえることであり，それが

社会全体にとって肯定的で進歩的な変化であってもそうである。たとえば，経済の急成長は学歴の高い若年層には興奮をもたらすが，農村出身の現業労働者やその他の保守的な市民には警戒心をもたらす。

したがって，他者に対する信頼感の性質は，当人がどんなタイプに属する人間なのかによって異なり，生活における機能も異なるし，社会における変化の受け方も異なる。ある意味では信頼を「良い」タイプと「悪い」タイプとに分けることができよう。もちろんこのような分け方は，関係者の目的，価値体系，優先づけなどの調整のありかたを明確に規定することではじめて可能となろう。それゆえ「良い」か「悪い」かの評価は非常に条件付きであり相対的であるにしても，われわれは信頼の質的側面を考慮せずに量的評価だけを行うわけにはいかない。

したがってわれわれは次のように結論づけることができる。すなわち，信頼感指標はさまざまに異なる諸タイプの平均を示してくれるが，市民社会の状態の現実的な姿を描き出すものではない。とりわけロシアのような多様な精神世界を内包する巨大な国においては，そうである。

5. 結論

われわれの理論的・経験的研究の目的は，人びとの信頼感をどう測定できるかという，根本的問いへの回答を探索することにあった。その経験的研究の一環として，われわれは他者に信頼感を抱く者あるいは不信感を抱く者の社会的，経済的，心理的特徴を比較した。その結果，社会経済的諸状況，様ざまなタ

イプのビジネス文化と伝統が，信頼感に対して有意に影響していることが確証された。当該地域における経済成長，汚職，犯罪の水準も重要な要因である。先進的地域ではその分機会がたくさん提供されているが，同時に大きなリスクと競争に伴う危険と「罠」が待ち構えている。

　もちろん，特定の個人的資質は環境からの影響をある程度中和する重要な規制因として働く。宗教的精神性や楽観主義的生活観がそれである。学歴の高さやそれに伴う社会的能力の高さも信頼感の高さと関連しており，個人の強靭さと大胆さに寄与している。同時に，単純素朴な性格，生活経験の乏しさや学歴の低さ，競争やリスクがほとんどない環境下での比較的安定した労働と生活も，信頼感を高める。しかし，それはタイプがまったく違う信頼感である。つまり他者に対する信頼感の性質は，当人がどんなカテゴリーの人間かによって異なっており，機能も異なり，社会変化から受ける影響も異なるのである。

　伝統的な信頼研究における指標は異なるタイプの信頼感を一律に均してしまっており，市民社会の現実的な状態を把握するには不向きである。とくにロシアのような多様な精神世界を内包している大国を対象とする場合には，そうである。それゆえわれわれは社会的信頼を評価するためのほかの方法を追求する必要がある。この問題に対してどんな解決策が可能か。われわれは市民のもっとも典型的な諸カテゴリーに対して別々の社会的信頼指標を求めるのがよいと思う。その各カテゴリーは具体的な研究の目的によって定めればよく，その際，伝統型（一族型），ヒューマン型，先進型，ビジネス型，等々，信頼／不信のどの型が優勢なのかを規定する社会的，経済的，地域的，個人的諸要因の組合せデータを土台としなければならない。たと

えばもっとも経済的に能動的なビジネス人間における不信感の増大は，社会にとって望ましい傾向と考えられるかもしれないが，社会的縁辺部の人たちにおける不信感の増大は社会にとって否定的な傾向だといえるだろう。人はカテゴリーごとに異なっており，その相違を念頭に置いて社会の中での信頼と不信の最適バランスを構築するプログラムがなければならない。

われわれの経験的調査研究のデータは，ロシア人を信頼類型から分類するための具体的な指針を提示している。将来の研究でわれわれはとくに有意義で典型的な人口カテゴリーをとりあげてその信頼指標を分析していきたい。

文献

Patrushev, S. B., 2007, *Rezul'tatom stanovleniya i kriteriem grazhdanskogo obshchestva yavlyaetsya grazhdanin (Gorbachevskie chteniya, Vyp. 4); Grazhdanskoe obshchestvo: nastoyashchee i budushchee: 1937-2007; Pamyat' i otvetstvennost', Mezhdunarodnyi fond sotsialno-ekonomicheskikh i politologicheskikh issledovanii,* Moscow: Gorbachev Fond.

Petrenko, E. S., 2010, "Stil' zhizni i istoricheskaya pamyat' rossiyan o sobytiyakh 1985-1999 godov"; "Istoriya sovremennoi Rossii: problemy dokumenty, fakty (1985-1999)", *Materialy mezhdunarodnoi konferentsii 25 noyabrya 2010 g, FSI. MGU,* Moscow, pp. 285-293.

Petrenko, E. S. & V. V. Kaplun, 2011,"Tri pokoleniya rossiyan: stil' zhizni i vklyuchennost' v SMI", *Nauka televidenia, Nauchnyi almanakh,* Vypusk 8, Moscow, pp. 191-204.

＊原本は前半が先行研究のフォローアップと理論的検討，後半が実証的な部分からなる。本章はその後半部分を訳出したものであり，上に掲げられた諸文献は前半部分で取り上げられている。

V 公的機関に対する信頼と抗議
チュメン州の調査から

グルナラ・ロマシュキナ
ウラヂミール・ダヴィデンコ
ナタリア・セモヴァ

1. 研究の背景と目的

　信頼関係は，国際的にも国内的にも，社会学や経済学の中で最も重要な課題のひとつとなっている。その理由のひとつは，現代社会における信頼関係の形態が多様化していることにある。

　社会学における信頼論の展開は，人びとがグローバルな社会変動の過程で存在保証の感覚を失いはじめて「トラウマ」的諸状況の中に置かれ，「信頼―不信」に関わる社会的対処の条件が変化したことと関連している。社会全般における貧困の広がりと，無政府状態と社会の質的劣化に関わる日常的諸問題の増大のもとで，「社会的主体を接合するもの」としての信頼資源の再生という課題提起は適切であり (C. Lobe-Marie)，また，信任の意味づけが歴史や文化によって変わりうるという観点は，現代社会の後退過程を補償する新しい機会の追求を可能とするものであり (P. Gross)，さらにまた，社会的信頼の規定因（所得や社会的地位の動態，特に集団的孤立の傾向や社会的公正観の変容を考慮にいれて）の追究は，信頼状況の解明に資するものである (H.

Bjørnskov) (in: Social and Human Sciences 2010: 3-70)。佐々木とマーシュもユニークな研究書を出している (Sasaki & Marsh 2012)。

　信頼の研究は社会資本の研究とは異なる文脈で人びとの協力行動への性向を問題としているが、その性向はどんな経済モデルが個別具体的な共同体に適合しうるかに関係している。これはフクヤマがその著書『信頼』で述べている点であり (Fukuyama 2004)、その説を採るならば、たとえば、社会における信頼水準は経済発展の水準と直接的に比例する（経済発展が良好であれば制度に対しても個人間においても信頼が高い）と明言することができる。ネカとその研究仲間たちは41カ国での調査研究結果から、信頼の水準が人口当たりの GDP 水準、投資活動の水準、その他多くの経済指標と相関していることを発見した (Knack & Keefer 1997; Zak & Knack 2001)。しかし彼らは批判的に、信頼と経済発展との関係は相関しているといっても、どちらが原因でどちらが結果なのかを区別することは困難だと指摘している。

　信頼感は国家の発展水準とも少なからず相関している。しかし国家が信頼感に及ぼす作用は強力であるため、その関係が法律によるものなのか、つまり国家が違反者を罰する可能性によるものなのか、それとも信頼感のタイプ（制度的、社会的、あるいは個人間的）のどれかによるものなのかは判定しにくい。数多くの研究では、いわゆる伝統的（ないし旧時代的）社会と、近代的（ないし資本主義的）社会、とくに公的機関に対する信頼を土台とする社会との間に、基本的な差異があることが指摘されている。

　伝統主義においては、行政権威は本質的に神聖であって、それの合法性が立証されているかどうかはどうでもいいことであ

り，つまり政府を信じるのはそれが「良い」か「悪い」かではなく，「上から与えられたもの」だからある。これに対する近代の立場は，信頼の合理的土台に依拠するものである。すなわち，われわれが国家機関を信頼するのはわれわれの期待が実現されているからであり，われわれが「いい暮らし」を送れているからであり，行政権威がわれわれを欺かなかったからであり，等々を根拠としている。

　本稿の対象は，ロシアの社会文化的・社会経済的空間における，公的機関に対する信頼の諸問題である。ここではまた，ロシア諸地域における行政機関に対する信頼の水準と社会的な保障やその他の社会的指標との間の関連が考察対象となる。ロシアの社会文化的・社会経済的空間は非常に多様であり，「歴史の転換点」で統合崩壊の分岐の中にあることを踏まえるならば，重要なのは，ロシアの個々の地域で公的機関に対する「信頼―不信」の水準がどの程度なのかを理解し，「縦関係の信頼」の内容およびそれの社会的安寧との関係を考察し，法廷や政府や警察や地方行政に対する信頼と，社会的安全性や，回答者の資産や地位やその他社会的パラメータに関する「戦略的」および「戦術的」な楽観的見通しといった諸変数との関係を確認することである。

2. 分析の素材

　分析のための素材は，2006年以降2年おきにチュメン州で代表サンプルによって行ってきた社会文化モニタリングの諸結果である。この研究はラピンとベリャエヴァを主査とする「ロシア諸地域の社会的文化的肖像」プロジェクトの一部である

(Lapin & Belyaeva (eds.) 2009)。

この経験的調査研究の主な結果は共同学術論文の形で公刊されている（Davydenko & Romashkina 2014)。調査対象のサンプルはチュメン州南部地区，ハンティ・マンシイスク自治区（KHMAO），ヤマル・ネテツ自治区（YANAO）からそれぞれ，学歴水準や性別や年齢などを考慮して地区人口構成に照応するかたちで抽出した（Romashkina et al. 2015: 322-325)。それを示すと表1のようになる。

表1 調査年別・地区別サンプル構成（チュメン州）

地区名	2006		2009		2011		2013	
	数	%	数	%	数	%	数	%
チュメン南部地区	1,715	43	1,560	39	2,335	42	1,271	40
ハンティ・マンシイスク自治区	1,285	32	1,800	45	2,264	41	1,301	44
ヤマル・ネテツ自治区	1,000	25	640	16	968	17	482	16
合計	4,000	100	4,000	100	5,567	100	3,054	100

3. 公的機関に対する住民の信頼と抗議

周知のように，ロシアにおける信頼現象の研究は主として，政府機関に対する信頼といった，上下関係の次元でなされている。上下関係の信頼とは，権限の委任，方針の承認，誠実さ，改革達成への希望，その変化の実現への期待などを意味する。この調査の全期間を通して，ロシアで経済的にもっとも成功している州のひとつであるチュメン州の住民は，公的機関に対してむしろ批判的な態度を呈している。図1にみるように，50%以上が信頼を寄せている公的機関はひとつもなく，縦関係の信頼の個々の項目の水準はまちまちだが，政府に対する信頼の水準は算術的には一定であり，30%に達していない（Romashkina et al. 2015: 274-282)。

V 公的機関に対する信頼と抗議

2006年から2013年までの間の行政機関に対する「信頼—不信」の構造は，ほぼ同じような形をとって推移している。「州政府」「労働組合」「地方行政」といった諸機関に対する回答者の信頼は，ほぼ等しく分かれている。「信頼していない」人びとは「信頼している」人びととほぼ同数である。他方，政党や警察やメディアに対しては，人びとは明らかに信頼してない。もっとも，過去数年間にメディアや警察や検察に対する信頼は，増えてはきている（図1をみよ）。

図1 チュメン州各地区における公的機関に対する住民の信頼水準（2013年）

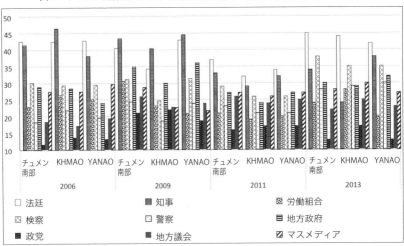

（注）図中の数値は「完全に信頼している」と「だいたい信頼している」を合わせた回答比率。

信頼と不信との差をみてみると，たいていの公的機関に関して「信頼していない」者のほうが「信頼している」者よりも多い。その例外は法廷と知事であり，2013年にはそれに検察が

加わる(図2をみよ)。大衆的な意識における「信頼のフィールド」は,「信頼」「不信」「没信頼」(unbelief)を主な特質とした社会的相互行為マトリックスとして描くことができる。「没信頼」は,当該の社会的対象物に関して信頼は失われたがそれに対する新しい態度がまだ形成されていないような状況下で,信頼の形成/破壊過程における中間段階のものである。信頼が改革を支える重要な要因だとすれば,不信や没信頼は現存の問題状況や社会的緊張を示す重要な標識である。

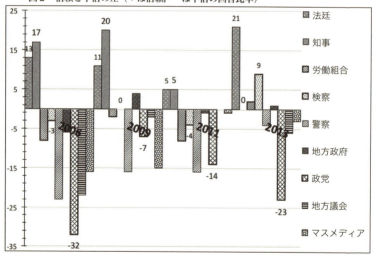

図2 信頼と不信の差(+は信頼,-は不信の回答比率)

この仮説に立つならば,「信頼―不信」の規準に照らしてチュメン州住民の「実存的社会状態」におけるダイナミックな変動の様態を描き出すことができる。不信水準の動態は政党,メディア,警察,地方議会で悪く出ている。「縦関係の信頼」が全般的に高水準なのは,農村居住者,高齢者,低学歴者

V 公的機関に対する信頼と抗議

である。彼らの回答をみると，法律執行機関，知事，メディアを信頼しているものが多い。州の中心部に住む人たちは，これらの機関に関して信頼水準がもっとも低い。しかし個々の公的機関に対する信頼水準は，年齢や学歴の違いで差がある。信頼が低水準だと経済的，社会的活動が縮小するが，同時に抗議活動は昂進する。チュメン州では政治的，市民的関与が低水準であり，2013年調査では，なんらかの政治組織に関与したというのは回答者の中の16%にすぎないが，しかし回答者の多くは労働組合の組合員であり，その組織の中ではいつも普通に活動に関わっている。一方，自分の経済的地位を高く評価している回答者は，概してほとんどすべての公的機関に対して高い信頼を表明している（図3をみよ）。

図3 社会階層別にみた行政・社会機関に対する信頼の水準（2013年）

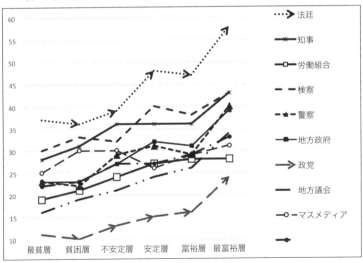

（注）横軸は経済的地位（最貧層から最富裕層まで），縦軸は「全面信頼」と「だいたい信頼」を合わせた%。

唯一の例外はメディアであり,それへの信頼の水準はすべての社会階層にほぼ共通している。

調査では抗議活動の分析に次の指標を用いた。
(1) 抗議の予想(あなたの市・町・村でいま人びとの抗議行動が起こる可能性があると思いますか)— これは抗議の間接的な表現といえる。
(2) 公然的抗議の下地(生活水準・人権・自由の低下に対する抗議行動に参加しようと思いますか)— これは抗議の現実的表明である。
(3) 人権や利害を擁護する行動(あなたは苦痛な問題に対する感情をどのように表現しようとしていますか)— これは行動の意思があることを意味する。

チュメン州住民の間では抗議の予想水準はかなり高い。州住民の過半数が,彼らの生活の場で大衆抗議が起きる可能性が大きいと信じている。そして多くの人びとは,人権擁護の絡みでの抗議がもっとも起こりやすいと考えている(住民の20%はこの種の抗議行動が起こる可能性が大きいと考えており,39%は「条件が揃えば起こりうる」とみている)。また,住民の約50%は生活水準の低下に反対する大衆的意思表示が起こりうると信じている(「いつでも起こりうる」と「条件が揃えば起こりうる」という回答の合計)。政治的要求に絡む大衆抗議行動の可能性を予想する州住民はそれほど多くないが,しかし45%の住民が自分たちの生活の場で起こるだろうと答えているのだから,その割合は決して小さいとはいえない。

抗議行動の予想はチュメン州南部地区でとりわけ大きく,そこでは回答者の63%が権利防衛の大衆抗議が起こる可能性が

V 公的機関に対する信頼と抗議

高いとみており,過半数の人びとが生活水準の低下に反対し,政治的要求を掲げている(図4をみよ)。抗議行動の予想がもっとも小さいのはヤマル・ネテツ自治区であるが,そこでも回答者の3分の1は政治要求や生活水準低下反対の大衆抗議が起こりうるとみており,54%が権利擁護のための抗議行動が起こると思っている。

大衆抗議が起こるという予測の度合いは,生活地区や地方や社会全体における経済的・社会的・政治的状況を間接的に標示している。つまり社会的空間における人びとの緊張感覚,すなわち生活条件の「正常」感,所得分配の公平‐不公平感,法支配の実現感,権利擁護の可能性に対する信頼感‐不信感,社会の利益に向けた機能を政府機関が果たしえているかどうかの感覚である。言い換えれば,人びとがどの程度社会経済的・政治的現状に不満を持ち,それを変革する闘いの用意をどれだけ持ってきているか,という点に関わる。

図4 抗議内容別にみた抗議行動発生予測

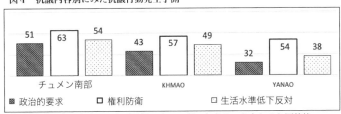

(注)「非常に起こりうる」と「状況によって起こりうる」を合わせた回答比。

しかし,「それではあなた自身は抗議行動に参加する用意がありますか」と尋ねると,回答の状況は変わってくる。図5に見てとれるように,肯定的回答をする者は概して少なくなる。

図5 抗議行動参加意思

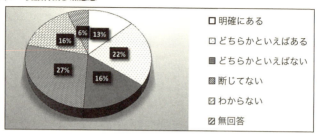

　州全体を通してみると，大衆抗議に参加する用意が「明確にある」という回答者は13%,「どちらかといえばある」という者は22%で，両者を合わせると35%になるが，「ない」という回答者は43%で，そのうち「断じてない」という者は27%でその過半数を占める。なお,「わからない」という回答と無回答を合わせた割合が22%にのぼるのも，注目してよい。「わからない」と答えた者や無回答の者は，おそらく，所与の問題が実際に地区で起こってみると態度が変わり，抗議予備軍の比率が高まるのかもれない。

　居住都市別にみると，抗議行動発生の予測水準が最も高いのは中都市（人口10万〜50万）と大都市（人口50万以上）である。大都市や中都市の住民は村落や小都市の住民よりも，日常生活のなかで社会的な「不公平」感を強く持っている。しかし抗議行動を予想しているかどうかの水準は，自ら抗議行動に参加する用意があるかどうかの水準とは同じではない。後者に関しては居住地の人口規模と相関していない。図6にみられるように，居住地人口規模の大小と人権擁護にかかわる抗議行動の発生予測水準との間には明らかな直線的相関が示されており，生活水準低下反対や政治要求ともある程度の関連が見てとれる

が，図7をみると，居住地人口規模は抗議行動参加意思があるという回答と直線的相関を示すものの，その意思はないという回答とはそれがみられない。

図6　問題別にみた抗議行動発生予測

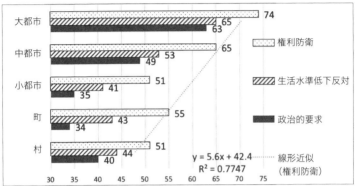

(注)「非常に起こりうる」と「状況によって起こりうる」を合わせた回答比（2013年調査，図中の数値は％）。

図7　居住地人口規模別にみた抗議行動参加意思

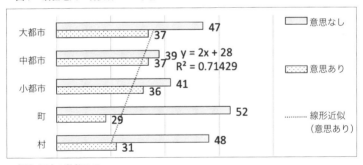

(注) 図中の数値は％。

　チュメン州では回答者の約半数が積年の問題に対して自分の立場を公けに表明する用意があると答えている。しかし実際に

抗議行動に参加する用意があるという者はかなり少なく，その比率（35%）は抗議予想者の比率（45%－59%）を有意に下回る。権利や利益を守るための手法もだいたい控え目である。しかし積極的な抗議行動形態をとると答えた者が10%を占め，その中の4%は非合法の行動も辞さないと答えている。

図8　地区別にみた抗議行動発生予測

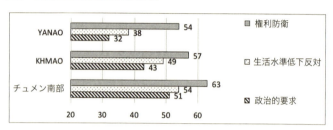

(注)「ひじょうにある」と「一定の条件下でありうる」の回答を合わせた比率（2013年調査）。

チュメン州南部における抗議行動発生の予想水準はかなり高く，住民の過半数が自分たちの居住空間で住民の大衆抗議が起こりうると信じている。住民の意見によれば，なかでも権利防衛のデモが最も起こりうるという。また，回答者の半数は，生活水準引下げ反対の大衆デモが起こる可能性を指摘している。チュメン州住民の中で政治的要求の大衆抗議が発生しうるとみる者はそう多くないが，それが非常に少ないということはできない。それが自分たちの居住空間で起こりうると信じている回答者は州南部で50%を上回っている（図8をみよ）。抗議発生予想の水準は，居住空間，地方，社会全体における経済的，社会的，政治的状況を間接的に示す評価基準でもある。それはまた，社会的空間における個人の緊張感覚，つまり生活条件

の「正常性」,所得分配の公平・不公平,法律遵守の水準,自分の権利が守られていることへの信頼・不信,社会的安寧の機能を遂行すべき政府行政の能力,といった点に関する感覚である。

　大衆抗議に参加する用意があるかどうかの問いに対して,回答者は通常,自分個人の私的生活と関連付けて答を選ぶ。それゆえ抗議行動への参加意思を表明する度合いはつねに低い。2013年調査では参加意思を表明した回答者は各地区とも約35％であった。時系列的にみると,抗議行動参加意思の水準は低下傾向にある点も注目される(図9をみよ)。

図9　地区別にみた抗議行動参加意思の推移

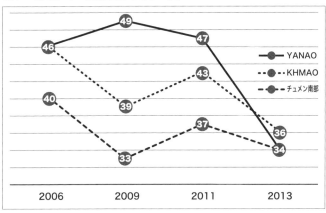

(注)「生活水準と生活の質の低下,個人の権利と自由に関して抗議行動に参加する用意があるか」という問に対する回答選択肢のうち,「ある」と「状況による」を合わせた回答比率。

　抗議行動の発生が大きく予想されているのは大都市と中都市である。それは,これらの都市では住民の所得格差の増大,消

費水準・生活水準の格差の拡大が表明されていることの結果であろう。しかし，抗議行動発生予想の水準が高いからといって，抗議行動参加意思の水準も高いというわけではない。抗議行動参加意思の水準は居住地域の人口規模とはあまり関係がない（図6および図7をみよ）。抗議行動参加意思の水準が顕著に変動しているのはヤマル・ネテツ自治区である。この地区には強力な資源，すなわち炭化水素の生産と輸送——主として「ガズプロム社」——に関連した労働市場と就業機会があり，住民の生活はその状況の変動に大きく左右されている。また同時にこの地区では高水準の給料，多額の北方地手当やその他の恩恵がある。それゆえこの地区における抗議行動の可能性は，明確な回答を避けた16%のサンプルの動きで変わってくる。これに回答保留と無回答を合わせた22%の回答者に注目しよう（図5）。北方地域の労働条件にとって好ましくないエネルギー価格の動きが，住民の気分に深刻な影響を与えると予想してよいだろう。

　チュメン州随一の大都市チュメン市では，若年層（18〜35歳）の間で抗議行動を予測する見方が急速に高まっている。他の都市や居住地区や社会集団では抗議行動はあまり見られない。しかも自分の社会的地位に関する自己評価は，自分の生活全般に対する満足，さらには社会的な安寧など，信頼の一般的指標に直接影響するものと密接に結びついている。社会的安寧の水準（安全性の度合いおよび生活の見通しの楽観度の評価度と，自分自身の生活に関する一般的評価度との平均値を算出し，最小値を0，最大値を1として表示）は，公的機関に対する信頼と直接相関している（表2をみよ）。

V 公的機関に対する信頼と抗議

表2 信頼の水準と社会的安寧の諸要素との相関（ピアソン相関係数）

信頼の水準	危険に対する保護	生活満足	全般状況	生活向上認知	生活見通し楽観度	将来見通しの楽観度	社会的安寧総合指標	従業員に対する雇主の欺瞞	国家機関の代表性
法廷	**0.32**	0.22	0.21	0.12	0.15	0.21	**0.32**	-0.12	-0.16
州知事	0.29	0.19	0.18			0.15	0.29	-0.15	-0.20
労働組合	0.28	0.18	0.19		0.12	0.17	0.27	-0.11	-0.14
検察	0.31	0.22	0.19	0.11	0.12	0.19	**0.31**	-0.14	-0.16
警察	**0.35**	0.20	0.23	0.11	0.15	0.24	**0.33**	-0.13	-0.19
地方役場	**0.35**	0.22	0.22	0.11	0.14	0.22	**0.34**	-0.18	-0.22
政党地方支部	0.29	0.20	0.19	0.15	0.21	0.24	**0.33**	-0.13	-0.16
地方議会	**0.32**	0.23	0.23	0.14	0.14	0.23	**0.35**	-0.16	-0.22
メディア（印刷物，ラジオ，テレビ）	0.26		0.12	.	0.14	0.16	0.22	-0.11	-0.11
政府	**0.35**	0.23	0.25	0.12	0.13	0.23	**0.35**	-0.11	-0.14
自社の経営者	0.31	0.24	0.25	0.14	0.12	0.25	**0.36**	-0.14	-0.11
企業家	0.28	0.19	0.21		0.16	0.24	**0.30**	-0.10	

（注）
1. 表中の数値は誤差水準0.001以下のものであり，相関の絶対値は0.1以上である。
2. 「雇主は自分の従業員を欺くことができるか」という問に対する肯定的回答は公的機関への信頼の水準と相関しない。
3. 社会的安寧とその3つの構成要素を測定する方法はたとえば [Romashkina et al.2015: 57-63] で用いられている。社会的安寧は合成指標で観察され，危険に対する保護，生活全般の満足，社会的楽観度という3つの構成部分の平均値で測定される。危険な事象からの住民保護の水準は，10の危険項目をあげて「あなたは現在，これらの危険から保護されていると感じますか」という質問をして，「かなり保護されている」と「十分保護されている」という回答を合わせた数値で測定する。10の危険項目は危険の頻繁さからあげると，犯罪，貧困，環境の脅威，役人の勝手さ，法執行当局の勝手さ，孤独や放置，政治的迫害，年齢や性別による抑圧，宗教信仰に対する抑圧，民族的迫害，である。Kz指標はこれら10の項目に対する肯定的回答の平均値で算出する。生活全般の満足度は，「あなたは生活全般にどの程度満足していますか」という質問に対して「十分満足」と「かなり満足」と答えた回答者の比率の和である。社会的楽観度は，「あなたは現在，自分の将来について確信をお持ちですか，それともお持ちでないですか」（戦略的楽観主義），「あなたやあなたの家族のいまの生活は，昨年と比べて良くなっていますか，それとも悪くなっていますか」，「あなたは自分や家族の生活は来年には今年よりも良くなると思いますか，それとも悪くなると思いますか」（戦術的楽観主義）という社会的楽観性の構成要素のそれぞれへの回答の平均値にウエイト付けをして，その結果を合計して求めた数値の平均から測定した。

表2に示した相関関係の分析は，信頼の水準は社会的安寧の全構成要素と直接関連していることを示している。しかしその関連性は社会的な安全保障にかかわる法廷，政府，警察，地方役場でも高い。他方，楽観性の諸要素と信頼の水準との関連はあまり密ではない。

　図10の横軸は公的機関に対する一般的信頼の高さ（「全面的に信頼している」を1点，「信頼していない」を0点として求めた平均点）を示し，縦軸は社会的安寧の総合指標（「まったく保護されていない」（10項目）＋「生活全般に全然満足していない」＋（「自分や家族の生活は昨年と比べて悪くなっている」＋「自分の将来にはまったく確信が持てない」＋「自分や家族の生活は来年には今年よりも悪くなるだろう」）/ 3を0点，「十分に保護されている」（10項目）＋「生活全般に十分満足している」＋（「自分や家族の生活は去年と比べて良くなっている」＋「自分の将来には十分確信が持てる」＋「自分や家族の生活は来年には今年より良くなるだろう」）/ 3を1点として表している。社会的安寧の範囲は最低と最高とで0.3の差しかないが，信頼水準の差はそれよりも大きく出ている。

　欺瞞行為に関する評価と信頼度の大小との関連は低い。公的機関に対する信頼と，その欺瞞の可能性を認めているかどうかとの相関率は，低水準で波がなく（誤差水準は0.001未満），またその相関係数も各公的機関に対する信頼との関係で低水準で波がない（誤差水準は0.001未満）とすれば，実際の回答者が公的機関の側による欺瞞行為をありうることだとみているかどうかは，各機関に対する信頼度と相関していないのである。

**図10 公的機関に対する全般的な信頼の水準と社会的安寧感の水準の相関図
（チュメン州，2013年）**

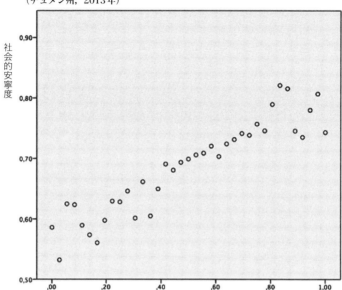

4. 結論

　さて，チュメン州における「縦関係の信頼」の内容，構造，規定因をよりよく理解するための結論をまとめておこう。
(1) ここで扱ったのは，なによりもまず「縦関係の信頼」，すなわち主要公的機関に対する信頼である。
(2) 信頼概念の意味内容は必ずしも明確な合理的根拠を持っているわけではない。
(3) 一般に，公的機関に対する不信の水準が高いと，抗議行動発生の可能性も高い。しかし2006年から2013年にいたる

長期調査によると，チュメン州では（ハンティ・マンシイスク自治区とヤマル・ネネツ自治区を含めて）「縦関係の信頼」の平均的水準は変化していないが，同時に一方では抗議行動発生予想の増大がみられ，他方では抗議行動参加意思の減少が表われている。

(4)　「縦関係の信頼」観は，個人の社会的保護に関する評価，言い換えると，社会的安寧の評価や自分自身の社会的地位の自己評価と密接に関連している，「実存的信頼」とも結びついている。

(5)　「縦関係の信頼」のさまざまな構成項目と楽観的生活観との関連は，現在の変化の状態と翌年の変化に対する期待に関する評価が戦略的なものから戦術的なものへと移るにつれて低下している。

(6)　「縦関係の信頼・不信」と，個人と公的機関の間の「欺瞞の可能性」との関連は，不明瞭であり，統計的にみて弱い。実際にはそれは寛容な縦関係は透明性を欠くということなのかもしれない。

(7)　上の結論は実証的に明らかにされたもうひとつの矛盾からも支持される。すなわち，機関に対する信頼と社会的個人的特性（性，年齢，学歴，など）とは関連がない，という点である。

(8)　メディアに対する信頼度はすべての社会階層の人びとの間でほとんど差がない。

(9)　「信頼・不信」の水準の違いが有意にみとめられるのは，居住地人口規模の大小の差においてである。「縦関係」のほとんどどの機関に対しても「不信」の水準が高いのは，小都市や町村よりも大都市である。

文献

Davydenko, V.A., & G. F. Romashkina, 2014, "Social and Cultural Base of Institutional Trust", *Vlast,* No. 12, pp. 122-129.

Fukuyama, F., 2004, *Trust,* Moscow: AST.

Knack, S. & P. Keefer, 1997, "Does Social Capital Have an Economic Payoff? A Cross-Country Investigation", *Quarterly Journal of Economics,* Vol. 112, No. 4, pp 507 – 521.

Lapin, N. I. & L. A. Belyaeva, 2009, "The problems of Russian Socio-Cultural Evolution and Its Regions", The Research Center of Social and Cultural Changes in the Institute of Philosophy.; Scientific Coordination Council of the United Nations FSPP section of the RAS, *The regions in Russia: socio-cultural portraits of the regions in a national context,* Moscow: Academia, pp. 569-648.

Parsons, T., 2002, *On Social Systems,* (edited by V. F. Chesnokova & S. A. Belanovsky), Moscow: Academic Project.（ロシア語版）

Romashkina, G. F., V. A. Davydenko, E. V. Andrianova et al., 2015, "The Socio-Cultural Dynamics - A Portrait of the Tyumen Area", G, F. Romashkina & V. A. Davydenko (eds.), *The Collective Monograph Research,* Tyumen: Publishing Tyumen State University, p. 358.

Sasaki, M. & R. M. Marsh (eds,), 2012, *Trust: Comparative Perspectives,* Leiden. Boston: Brill.

Weber, M., 1990, *Selected works,* Moscow.（ロシア語版）

Zak, P. J. & S. Knack, 2001, "Trust and Growth", *Economic Journal,* Vol. 111, No. 470, pp. 295 - 321.

"Social and Human Sciences: Domestic and foreign literature. Episode 11: Sociology" *Abstract Journal.* Publishing house of the Institute of Scientific Information on Social Sciences. 2010. No. 2, pp. 3-70.

VI　ロシア社会の信頼類型
歴史的背景と現実の動態

ユーリ・ヴェセロフ

1.　予備的考察

　信頼というテーマはここ数十年，社会科学の中で大きな注目を浴びてきた。社会学者や心理学者，さらには経済学者や人類学者も，社会現象としての信頼の研究に寄与している。しかし，現代社会の歴史の中で信頼がどう変化してきたかという問題は，甚だ刺激的ではあるがあまり研究が進んでいない。筆者は本稿で，ヨーロッパ社会の歴史において2つの信頼類型が見出せることを論じる。第1の類型は，家族主義的特徴を持った閉鎖的な共同体において見出され，その性質上この信頼類型は合理的な観念というよりもむしろ心情の領域に属する。筆者はこれを伝統的信頼類型と呼ぶ。第2の信頼類型は，現代の市場社会の非人格的社会関係を規制するものであり，合理的観念であって，これは近代的信頼類型と呼ぶことができる。経済が変化し市場が発達してくる過程で，信頼と道徳性の伝統的類型はしだいに日常の社会生活から遊離し，社会構造の縁辺へと移っていく（このような過程は宗教生活の分野でより鮮明に見ることができよう）が，それにもかかわらずこの類型は現代社会に少なからず残存している。一方，道徳性と信頼の新しい類型は，近代社会に残存する時代遅れの精神や記憶の産物とは程遠いもので

ある。フクヤマ（Fukuyama 1995）によれば，新しい道徳性や信頼は，社会的相互行為と経済的取引行為の中で絶えず再生産されているものである。さらに筆者は，信頼は市場社会の社会構造から生み出されるそれ自身の社会機能を持つ，優れて近代的な現象だというルーマンの説に，全面的に同意する。

　信頼の変容過程は，決して，家族のような小共同体の中で維持されている信頼から社会全体の中で再生産されるような信頼への，直線的な移行なのではない。それゆえ筆者は，フクヤマが唱えるこの「信頼圏」（Radius of trust）論に対して批判的である。フクヤマは，まず家族，次いで小規模の社会的共同体，さらに国民社会ないし全体社会へと拡大する，同心円的な信頼圏を想定しているが，筆者は共同体内部の伝統的信頼は近代社会の信頼類型とは本質的に異なると考える（Veselov 2004: 55）。伝統的信頼類型は自動的に近代的信頼類型に変容するのではなく，後者は新しい社会階級，市場経済，近代的精神構造の生成とともに出現する。信頼の旧類型と新類型は共存することはあっても，漸次後者は前者を締め出していく。

　本稿ではロシアの経済と社会に焦点を置いて，社会主義から資本主義に移行した諸国における信頼の変容過程を，より詳しく追究する。20世紀の怒涛の歴史の中で，ロシアでは2回の劇的な大転換が見られた。第1は1917年–21年，第2は1986年–91年の激変である。2度の激変は社会的，政治的，経済的転換において決定的な役割を演じ，信頼の質と道徳的価値全般を変えた。筆者は本稿において，社会学の信頼研究で開発された理論モデルを適用して，20世紀ロシアの近代化過程における信頼変容の研究を展開してみたい。

　論理と論点は次のようになる。

Ⅵ　ロシア社会の信頼類型

1．20世紀初頭のロシアは，資本主義社会とはいいがたい。経済の急成長の兆しも見られず工業化の拍車もまだかからないこの時代のロシア社会は，疑いなく，道徳と信頼が伝統的価値規範に基づいていた農村的社会だった。筆者はさらに，20世紀初頭とソヴィエト時代初期における都市人口と都市文化の農村化過程を示したい。

2．ソヴィエト権力成立後の初期には社会的規範と価値がアノミー状態になり，それが合理型信頼の生成に影響を及ぼしたが，伝統型信頼も伝統的心性によって再生産され存続した。伝統型信頼は1930年代における全体主義的体制の発展過程に重要な役割を演じた。初期のソヴィエト社会は，明らかに，信頼が高度に発達し社会生活が急速に制度化された社会であったが，現実にはその信頼類型は専制的政治環境の中で生き残った伝統型のそれであった。同時に社会生活は公的生活と私的生活の２つに分断され，信頼と真実の二重スタンダードが出来上がり，不信のムードが一般に広がった。ソヴィエト社会における信頼の歴史の次の転換点は，第２次世界大戦期と1960年代の自由化キャンペーンの時代である。スターリン個人崇拝が突然打ち壊され，家父長的指導者のカリスマ性に基礎を置いていた伝統型信頼の最後の砦が瓦解した。60年代と70年代にはソヴィエト権力とその諸制度・諸機関に対する一般的不信が広がり，ソヴィエト社会に対する信頼は低下した。国家と共産党権力に対する全般的不信は，1990年代におけるソヴィエト体制の最終的瓦解への道を開いた。

3．1980年代末から1990年代にかけての体制移行期には，ロシア史上２度目の規範と価値のアノミー状況が現出して道徳的混乱が広がり，不信ムードの一層の増大がもたらされた。共

産主義思想やソヴィエト権力や計画経済に対する旧型の信頼は崩壊し，しかし新しい型の道徳と信頼はまだ生成されていなかった。そして不信のもとで，社会にも経済にも犯罪行為の新たな波が押し寄せた。こうした状況下で信頼の代行役を演じてきたのは，権力と強制であった。

4．しかし，1990年代には経済状況が一変した。その道は決して平坦ではなく，円滑でもなかったが，経済危機の襲来や経済改革の一時的後退はあったものの，市場経済の広がりと政治的民主化の進展は社会的信頼を拡大し再生産していく道を築いた。現代ロシアの社会と経済における信頼の新たな動態は，サンクト・ペテルブルク地区でのわれわれの調査研究（国立サンクト・ペテルブルク大学のエレナ・カプストキナらによる）からも見てとれる。だが実際には，信頼と道徳のこの転換過程は緩慢に進行していて，あまり可視的な形では捉えにくく，期待されたような速度での変化は見られない。

5．脱社会主義諸国における信頼の比較分析（われわれは自分たちのデータとその解釈を，ピオトル・シュトムプカによるポーランドでの信頼研究と比較することができる）は，信頼と道徳の発展に関してかなり楽観的な見方を与えてくれる。シュトムプカはその著作（Sztompka 2001）で，東欧諸国とロシアは現在移行期にあるとはいえ，西欧諸国と比較して高い信頼水準を示していると論じているが，われわれもこれに同意する。しかし，もちろん，信頼の文化を全面的に開花させるためには，まだ多くのことがなされねばならないことが痛感される。

筆者は先ず本稿の前半で，ソヴィエト社会における信頼類型の転換について論じ，その際，ソヴィエト時代における信頼の特質に関して広く見られる誤った理解を解こうと試みる。そし

てここでは，70年代停滞期および80年代変動期における信頼類型の転換過程を，官僚制化の過程と権力による代行に焦点を置いて述べていく。

2. ソヴィエト経済社会における信頼の動態

(1) 通説批判

　信頼に関する今日の社会学的文献では，ソ連は「悪の帝国」で信頼水準が低いタイプの国（あるいは不信が一般化している社会）だったと信じられており，したがって市場経済に向けた現在の改革は道徳性を刷新し，ロシアに高度な信頼文化を導き入れたという。しかしこの見解は，あまりに真実と懸け離れている。筆者の意見では，良き時代のソ連は伝統型信頼と家族主義的道徳価値を備えた高度信頼社会であった。しかしその道徳価値は1980年代と90年代の移行期に全壊させられた。つまりソ連社会における信頼状況は，先にあげた陳腐な通説とは全く逆なのである。

　筆者がまず述べておきたいのは，ソヴィエト社会は安定した強固な構造，つまり一枚岩の石造物，あるいは氷の中の凍結物のようなものと見ることはできないということである。この社会はむしろ非常に流動的で，20世紀の全期間を通して不断に変化していた。つまり，1917〜21年の革命期における社会的価値規範の全般的アノミー状態の時期から，1920年代から30年代初頭にかけての伝統型信頼の再生の時期へと移り，それから1930年代の抑圧と粛清の中での全般的な不信と猜疑の時期を経て，スターリン死後の1950年代後半における信頼の第2の広がりの時期を迎え，次いで1970年代の全般的不信状況の

広がりを経て,1980年代後半から90年代初頭にかけて道徳的破局の到来へと至った。同様にして信頼の質的特徴も,1918～21年の「戦時共産主義」期から20年代の「ネップ」(新経済政策)期へ,そして1930年代の初期5カ年計画と怒涛の工業化の時期から1947年の戦後経済政策の時期へ,さらに1960年代における新しい経済財政改革期から70年代後半の経済停滞期へと,経済改革の諸過程に対応して変化してきた。それゆえソヴィエトの社会と経済は決して固定的な構造をなしていたのではなく,むしろ変動を続けてきたのであり,そしてそれに対応して,信頼と不信の性質もたえず変化してきたのである。

　ソヴィエト社会が低信頼社会だという見方をしている現代社会学の文献を,もっと詳しく見てみよう。フクヤマ (Fukuyama 1995) によれば,すべての近代国家は信頼水準からみて高信頼社会(アメリカ,ドイツ,日本のような高度経済発展諸国)と低信頼社会(フランス,イタリア,中国や,ロシアを含む脱社会主義諸国など)とに分けることができる。この区分はフクヤマの信頼概念から出てきており,彼は後者における信頼を前近代的文化現象で,自然的な関係形成を可能とする一種の社会資本だと捉え,それが近代産業社会に残存し継承されていると見ている。そして彼は,過去から引き継いだこの社会資源を近代ビジネスの創設と経営に活用し,一般化された信頼の資源からメリットを引き出している国ぐにが一方にあり,その他方には社会資本としての信頼を小さな共同体の中だけでしか通用させていない国ぐにがあり,後者の場合の信頼類型を彼は「家族主義的」と呼んでいる。彼が示した信頼水準からの諸国民の分類はさておいて(なぜなら信頼の水準は同じでも信頼の性質と起源はアメリカと日本とでは異なるし,フランスと中国とでも違うことは明らかだか

ら），ここでは彼の著書『信頼』に出てくるロシア社会に関する部分だけを引用するに留める。

フクヤマによれば，ロシアの農村社会では「国家運営のコルホーズ（集団農場）とソフホーズ（国有農場）以外には任意な結合の場がなく，ロシアの農民家族はもめ事を抱えて，弱体である（Fukuyama 1995: 337）。しかし現実には，革命以前の農村社会では「ミール」と呼ばれる農民連合の共同体が農村生活の社会的基盤をなしていて，この共同体は決して弱体でもなければもめ事続きでもなかった。1906年に始まったストルイピンの改革[1]で農民がその共同体から離脱することが可能になったにもかかわらず，その後も農村人口の大多数（全農民世帯の3分の2）は共同体の中に留まることを選択した。ロシアの農村社会はばらばらで個人主義的であったことはなかったのである。農村の自生的な任意団体は，その時どきの相互扶助から継続的な近隣連合までを含む互酬的行為を基盤にして広く存在し，最高水準の伝統型信頼関係を再生産していた。20世紀初頭には，1905年の10月17日宣言[2]の後，さまざまな組合や任意団体を結成する無数の事例や試みが見られた（Mironov 1999; 342）。農村的な家父長主義的大家族は弱体することもなかった。むしろ，家父長的温情主義の心性は，農村人口の都市への大量流入のために都市部でも支配的になった。たとえば小工場主や商店主とそ

---

[1] ストルイピンは帝政ロシアの政治家で1906年に首相に就任し，革命運動を鎮圧する一方，不十分だった農奴解放（1861年）を徹底させ，農村共同体（ミール）からの農民の自由，個人的土地所有と独立個人農の創設など，農業改革を実行した。

[2] 1905年1月の「血の日曜日」事件（サンクト・ペテルブルクで起こった大衆デモと流血を伴うその鎮圧）の後，ロシア各地で労働者のスト，農民の一揆，市民の抵抗運動が頻発し，これに対処すべく皇帝ニコライ二世は同年10月17日に市民的自由と立法議会開設を約束する「十月詔勅」に署名した。

の従業員の関係は,農村大家族の家父長主義的関係の複製であった。

フクヤマによれば現代ロシア社会は,結合の余地が非常に小さく,したがって信頼水準が低い個人主義的社会にほかならず,「ロシアのような脱共産主義国では私企業も政治結社も弱体あるいは無存在であり……」,その一方で最強の組織をなしているのは犯罪ギャングである (Fukuyama 1995: 27, 28)。バルバラ・ミシュタルは別な理論的視点からではあるが,このフクヤマの低信頼ソヴィエト社会という説を踏襲している。彼女はその著書『近代諸社会における信頼』の中で,ソヴィエト体制の崩壊は「非民主的国家の弱さは信頼の欠如にあることを証明した」と論じている (Misztal 1996: 5)。だが,1930年代の抑圧の時代や第2次世界大戦の時期に共産党とスターリンに対する信頼が最高水準にあったことを,どう説明するか。

(2) 革命前のロシア社会と信頼類型

20世紀初頭のロシア帝国は強大国家のひとつと見なされていた。その大きな理由は,2,200万平方キロという広大な領土と1億7,000万人という膨大な人口を擁していたことにある(現在のロシア連邦の領土は1,700万平方キロ,人口は1億5,000万人)。経済規模からみるとロシアは低水準であったわけではなく,工業生産ではアメリカ,ドイツ,イギリス,フランスに次いで世界で第5位にあった(現在は6位)。繊維工業と重工業〈石炭,鋼鉄,銑鉄〉が発達していたからである。石油生産は当時,アメリカに次いで世界第2位であった(現在も2位だが,今はアメリカの次ではなく,アラブ産油国の次である)。1860年代の農奴解放改革と1880年代の新経済政策は工業生産に「大

拍車」をかけた。これは「第1波工業化」と呼ばれ（第2波は1930年代に起こった），工業生産は平均8％以上の率で増大し，その成長率は西欧諸国における最良の率を上回っていた。クレジットの多くは鉄道建設に向けられ，鉱工業の急速な発展を刺激した。全般的な経済成長率も極めて高く，1908年～13年の間の年間国民所得の成長率は7～8％を下らなかった。こうした状況のすべてが，マルクス主義者達に，ロシアはすでに社会主義への移行を試みるに足る資本主義国に転換したと主張する根拠を与えた（とりわけレーニンの著作『ロシアにおける資本主義の発達』）。

しかしこの工業発展の外観の下には，旧態依然の心性と君主支配の体制，伝統的な規範と価値を備えた巨大な農村的な国が横たわっていた。労働力の3分の2以上が農業に従事して国民所得の半分を生産しており，人口1人当たりの所得はアメリカやイギリスの3分の1以下であった。生産性，特に農業のそれは，原始的な技術（木製の鍬を使った）や希少な資本のために極めて低かった。人口の圧倒的多数は資本主義的とは到底言えないような市場経済と最小限の関わりを持ちながら，基本的な物質的必要を単純に満たして生き凌いでいた。19世紀末のロシア社会の構造はピラミッド型をなしていて，上流階級が3％，中流階級が8％，下層階級が89％（うち労働者が20％，農民が69％）であった。

よくあるように，少数の人びと（人口の10％以下）が国民の富と資源の大部分を所有していて，その結果，不平等の増大と社会的対立がもたらされ，ついには先ず1905年，次いで1917年へと，革命の波を増幅させていった。1897年の国勢調査によれば，全人口のまさに75％が識字能力を持たず，都市

人口も55%がそうであり，しかも識字能力があるとされた人でもその大多数はただ読むことができただけであった。農村地域では親は子どもに対する家父長的統制を緩めず，子どもを伝統的な価値と世間標準に沿って教育しようとして，子ども達の2年ないし3年以上の通学をあえて許さなかった。

　都市化過程に関していえば，都市人口の増加は明らかであるが，その特徴は単純でない。確かに1858年から1897年までの間に都市人口は820万人から1,680万人へと倍増し，1913年にはさらにその倍の2,630万人に達し，都市人口比率は1858年から1913年までの間に10%から16%へと増えた（Ryazanov 1998: 143）。この比率はイギリスの78%やドイツの56%と比較すると必ずしも大きいとは言えないが，それでもロシアにおける都市化の結果ははっきりと認めることができる。しかし，増大した都市人口の構造は異なっていた。つまりその急増はもともと都市に定着していた住民の増加によるよりも，むしろ農村人口の大量流入によってもたらされたのである。1858年から1897年にかけて，都市地域に流入した農民の住民比率は21%から43%へと増加し，特にそれは大都市で顕著で，サンクト・ペテルブルクやモスクワでは69〜70%に達した。新興の労働者階級に関しては，その大多数（約80%）が農村出身者であった。ミロノフはこの過程を「都市人口の農村化」と呼んでいる（Mironov 1999; 341）。その結果として農村的心性，農村的な生活様式と伝統が，都市地域を覆うようになった。後で詳述するが，都市地域の農村化過程は1930年代初頭に再度進行したことに触れておきたい。1929年の後，農村地域における集団化政策の残虐さとそれに続く飢餓を避けて，農村人口が洪水のように中心的都市地域へ流れ込み，その結果，

伝統主義と家父長主義に基礎を置く農村的心性が都市でも支配的となって，それに対応した道徳価値と信頼類型が再生産され続けたのである。

　農村社会における伝統主義と伝統型信頼の特質とは何か。伝統主義とは，一般に，過去に対してと同じ態度で未来をも観ることをいう。したがって，過去と同じ様式で未来を創るということは，伝統的心性のなせる業である。第1に未来のイメージを基礎づけるのは，すべては超自然的な力に属し，人間の営為よりも神の思し召しに依存するという思想である。そこでは受動主義（能動主義とは反対の）が経済的，社会的行動のモデルとされる。したがって信頼は人間自身の個人的活動の中の問題ではなく，むしろ外在的な神秘的諸力に帰せられる。第2に，もし個人の行動が神によって創られた（そして共同的社会規範の中に制度化された）規則と規範に合致していれば，好ましい運命と明るい未来が待っているということになる。そこではリスクや不確実さを計算したり功利的選択の手順を考えたりする必要はない。運命は予め決定されていて，日々の生活における善と悪のバランスで決まるからである。何が善で何が悪かは宗教と正教会の道徳価値によって定められており，その道徳価値は農村共同体の中で，成功や幸福のための日常規則の形で具体化されている。つまり，父や祖父によって打ち立てられた伝統と規範に沿った生活を営むこと，神を忘れず，罪を沢山背負い込まないように努めること，大家族を背負って沢山の子供を持つこと，隣人や地域共同体と同調し，彼らからの敬意を得ること，家族的関係風土を保持する正教の伝統に沿って，できれば生まれ故郷を去ることなく，その地で安らかに死を迎えること，というように。

したがって，伝統型信頼とは過去に対する信頼を土台としており，既存の確立された伝統，規範，秩序を基とした信頼であって，その逆に新しいものすべてに対しては不信であり，家族や共同体に対する信頼（集団全体に対してであって個人に対してではない），合理的思考に対してではなくドグマに対する信頼である。伝統主義の特質は正教的道徳価値と共同体的倫理に基礎を置いており，伝統型信頼の土台は神（超自然的な力）に対する信頼，共同体（拡大家族のような）に対する信頼にある。

　さて次に，農村共同体の中に確立されていた権力に対する信頼について，もっと詳しく述べておこう。

　「ミール」と呼ばれた農村共同体は個人からではなく世帯から成り立っていて，その世帯を代表していたのは大家族であった。各大家族は家族の中の最年長の男性（場合によっては女性），つまり長老ないし「ボリシャーク」（人類学的に言えば「ビッグ・マン」）によって専制的に支配されていた。家族を束ねていたのはこの人物であり，彼が世帯全体を取り仕切り，より大きな共同体の中で家族の利害を代表していた。その権力は絶対的であって，伝統によって無条件に正当性を与えられ，厳格な統制（体罰さえも広く行われていた）のもとで再生産されていた。初期の人格形成過程では外在的な権力と統制が自己規制や自己統制よりもはるかに重要であった。「ビッグ・マン」としての家父長の人格が重大な役割を演じ，家族員達が信頼を寄せたのは抽象的な非人格的ないし制度化された権力にではなくて，特定の具体的人物の権力に対してであった。農村的心性と伝統主義においては，信頼は公的な制度に対してではなく，そのような人物に代表された人格や制度に向けられる。信頼の対象であるべき神ですら，特有の外観と具体性を持った人間のイメージをと

らなければならず，制度もまたまずは擬人化され，その上で信頼の対象とされなければならない。家父長制は家族，さらには共同体や社会全般における至高と服従の関係を正当化した様式であり，したがって信頼の対象として重要だったのは人間ないし人物（地主とか皇帝とか）であった。それゆえ伝統型信頼は俗人的な性質のものであり，家父長主義的価値に基づいている。

共同体自体の権力は，これと似ているところがあったが，違っているところもあった。家族を規制していたのが家父長の専制だったとすれば，「ミール」という農村共同体を規制していたのは経済生活と社会生活における平等主義（共有地の平等な配分と不断の再配分，共同体成員間における負担の平等な分かちあい，平等な責任義務と納税，等々）を土台とした原始民主制の原則であった。原則として平等主義は互酬関係と共存していて，相互扶助は共同体成員の間の絶対的な義務と考えられていた。しかし，ちょうど家族の内部と同じように，個々の家族や個人に対する共同体の権力は絶対的で無条件であって，それは首長に対する一種の「盲目的」信頼に基づいていた（後のソヴィエト時代にはレーニンやスターリンといったカリスマ的指導者がその首長の地位と役割を担った）。自由は価値序列の中で上位に位置付けられておらず，むしろ既成秩序に対立するものとみなされた。自由か秩序かであって，両者が一体とされることはありえなかった。自由はなにか「からの自由」と関連付けられ，なにか「への自由」ではなかった。「からの自由」の例を挙げれば，大胆な無法者が失うべき何物も持たず，社会の規範に縛られず，運命は予め定まっていて知り尽くされている，というような場合である。革命は全体的な，だが一時的な秩序破壊とみなされるが，その後に秩序は再確立されねばならない。それゆえ

伝統的心性の枠内では秩序が価値序列の中で自由よりも高い位置付けを与えられ，秩序に対する信頼は自由に対する信頼よりも高位に置かれる。この点から，なぜ人口の大多数（実際には農村人口）が革命の時代に，自由の獲得よりも権力と秩序という価値を採ったかの説明ができる。人びとは，強力な専制的権力という思想と，その思想を人間として体現し代表する指導者を，信頼したのである。

　伝統的心性における労働倫理と富に対する道徳観は，資本主義経済の発展にそぐわなかった。正教の伝統では，富は神から人間の魂を奪い去る悪魔のような反道徳的現象で，富者は神の声を聴くことができないものとされていた。農村地域の人びとは，金銭は権力と名声をもたらし，一方，富は人間に安穏な生活を与えず，逆にもめ事と不安をもたらすと信じていた。富むか貧するかは当人の個人的活動によって決まるのではなく，神の意思によって定められるのであり，したがって人は自分自身の宿命を忍耐強く受け入れなければならないのだ。伝統的心性によれば，富が一般的に言って反道徳的であるのは，それが他者の犠牲からもたらされるものであって，公正の原則を犯すものだからである。村落共同体の労働倫理は中庸の労働観を土台にしていた。つまり誰もが労働するのは，生活の糧を得るためでなければならなかった（肉体労働，つまり頭ではなく体を使って働くことが本来の労働だと考えられていて，文書を読む仕事は労働とはみなされず，むしろレジャーとみられていた）。しかし働きすぎも，それが貪欲や嫉妬からなされると，やはり罪と見なされた。必要な分だけ働くことが善とされていて，それゆえ農民（そして農民出身の労働者階級）は自分の基本的必要の充足のためだけに労働し，利益の追求や富の蓄積のために働いていたわけ

ではなかった。ロシアの農民の年間総労働時間が西欧のそれに比べてはるかに少なかったのは，そのためである。1913年時点でロシアの農民が年間に140日を休日や休暇に使っていたのに対して，アメリカではそれは68日だった。19世紀初頭におけるアメリカの奴隷とロシアの農奴とを比較すると，労働時間は後者のほうが2.6倍も少なかった（前者の年間労働時間は3,065時間，後者のそれは1,350時間であった）(Mironov 1999: 311)。

　資産と土地所有に関しては，ロシアの農民は，土地は神に属し，万人がそれを耕す権利を持っていると信じていた。土地を耕す者は土地に対する権利を持っており，耕作労働をする者だけが土地を所有する道徳的権利を与えられ，それゆえに土地は当然農民に属する，と考えられていたのである。したがって土地は法的所有物の物件ではなく，労働の対象物と見なされ，19世紀末の農民の考えでは土地全体（地主の土地も含めて）は農村共同体に属し，共同体間やその成員間で平等に分かちあうべきものであった。土地使用の公正を期すために，たいへん込み入った共同的再配分の方式が絶えず採られた。そしてこの平等配分，さらには平等一般に対する信頼が，後にソヴィエト時代初期の基本信念を作り上げた。

　したがって，特にこの土地所有のことを考えれば，私的財産が誠実な働きで得たものとみなされることはほとんどなかった。この公正の論理は後に労働者達によって工業企業に当てはめられた。彼らは心の底から，事業所や工場は経営者にではなく，そこで働く労働者に属するものだと信じていたのであり，法的な所有権が誰にあるかなど考えもしなかった。工業企業の中に設けられた労働評議会，つまり「ソヴィエト」(評議会) は，まさに伝統的心性と信頼の観念から生み出された。実際，ソ

ヴィエトは労働者と農民の自然発生的な連合の所産であって，ボリシェヴィキ（ロシア共産党）が考え出して作ったものではない。共産主義プロパガンダの理念は，都市に流入した農村出身者達の伝統的な価値と道徳観に一致対応した，公正と平等配分の素朴な原則から発していたのである。

　他の社会階級との関係についていえば，伝統的心性は勤労階級のヘゲモニーという思想に基礎を与えた。当初は農民が，自分達が社会の真の中核をなしていて，他の階級は農業のおかげで生きていられるのだと考えていた。彼らは自分たちこそが経済の中心だと本気で信じ，工業中心の経済政策に対しても，また自分達が受ける実際の報酬や敬意に関しても，不満を抱いていた。後の時代になると，労働者階級がソヴィエト時代の公式イデオロギーに根拠を置いて，このヘゲモニーの思想を引き継いだ。このヘゲモニー主張の危険性は社会を「俺達」と「奴ら」とに分断した点にあり，革命期とその後に他集団の利害の全面否定と他階級の物理的排斥の思想がもたらされ，一方では「赤色テロ」，他方で「白色テロ」が生まれたのである。

　農民階級はその心性からして近代的経済諸制度を理解できなかった。革命前ロシアの人口の大部分は，金銭づくの経済を容認しなかった。農民が銀行のクレジットやローンを利用しだしたのは，やっと1905年事件とストルイピンの改革の後のことである。しかし彼らは商業ベースの利率という考えを全面拒否し，隣人との貸し借りの場合には利息なし手数料なしであった。損得関係よりも相互扶助にずっと大きな価値が置かれていたからである。伝統的心性は公平な代価という考えに基づいて，利得を原理とすることを拒絶していた。実際には彼らの経済生活は市場の上に成り立っていたが，市場的心性は成り立っ

ていなかった。金銭を稼ぐとか，契約をするとか，キャリアを積むとかといった考えは，伝統に反するものであった。少し先回りして述べるならば，明らかなパラドックスなのではあるが，人びとの日常活動に市場的心性と合理的計算性を導入したのは，ソヴィエトの非市場的な計画経済であった。

　要するに，20世紀初頭の経済全般は，2つの部門に分かれていた。ひとつは経済における伝統的価値観と基本的経済制度としての共同体関係とに基づいていて，これが最大の分野を覆っていた。もうひとつは資本主義的な近代的価値観と市場的心性とに基づいていて，これは最も実効性が高かったが，広がりは最小であった。そして，伝統的ないし家族主義的な信頼類型が市場社会の近代的な信頼類型を凌駕していた。

　ソヴィエト時代の話題に入る前に，伝統型信頼と経済的価値観に関するわれわれの予備的考察を整理しておこう。伝統型信頼は本質的に一種の慣習のようなもので，世間や他者を無条件に信じる非合理的態度である。伝統型信頼の基本的特徴を挙げるならば，個人と社会の生活全体を規制する超自然的諸力に対する信頼，したがってドグマ（どんなドグマに関わりなく）に対する無条件な信頼と，合理的論理に対する不信（ソヴィエト時代の当初，宗教的ドグマを共産主義的ドグマに置き換えようとしたが，人びとがそれを盲目的に信じ続けるのを止められなかった），過去に対する信頼と，未来に対する不信（新技術であろうが新思想であろうが新しいものすべてに対する疑惑と不信），共同体，社会全体，集団主義的価値に対する信頼（ソヴィエト時代にはこの種の信頼はソヴィエト国家と共産党に対する信頼という表われ方をした）と個人ないし個人主義的価値に対する不信，強い権力に支えられた秩序への信頼と，秩序を破壊するものとしての自由に対す

る不信(家父長主義的特徴を持った権力は指導者に対する人格的信頼を伴っており,ソヴィエト時代の初期には皇帝に対する信頼が共産党指導者に対する信頼に置き換えられた),経済面でいえば外在的物象(国家や経済制度)に対する信頼と,個別的活動に対する不信,伝統的テクノロジーによる経済活動への信頼と,近代的テクノロジーに対する不信,義務的に働くことへの信頼と,集約的労働とその成果配分に対する不信,集団的経済行為に対する信頼と,個人的経済行為に対する不信,などである。

　20世紀初頭のロシアは工業化とそれによる経済発展があったものの,まだ伝統型信頼が根強い農村社会が支配的であった。しかし日露戦争と1905年の革命事件,次いで共同体的経済価値の解体を目指したストルイピンの改革,そして第1次世界大戦という一連の事件と諸過程が,伝統的な道徳価値と信頼類型を崩し始めた。当時の経済状況ははなはだ不安定で,農村部の膨大な過剰人口と農業の極度な不振によって農民の困窮と不満が増大した。彼らは地主の土地が有り余っているのを見て,最も安易な解決の道を探った。それは土地の簒奪であった。しかしそれは幻想に過ぎなかった。なぜなら,地主所有の土地面積は,共同体所有地の3分の1にも満たなかったからである。1917年の革命はそれを証明した。実際,地主の土地を簒奪して分配しても,農村過剰人口の危機的過程は防げなかったのだ。それでも農民達はその伝統的価値観に固執して,経済的実効性を高める唯一の方法は地主を犠牲にして共同体の土地を広げることしかないと見て,1905年に行動を起こした。この戦闘的行動は一定の政治的社会的反応をもたらし,政府に対して状況処理策を取らせることとなった。農村共同体の要求は広く労働者の支持を得た(労働者の多くは農村からの移住者で,彼

らは共同体との強い絆を保持していて，農奴解放があった1861年の法律では労働者は都市に住んでいても公的には農村の家族や共同体に所属し，税もそこで納めることとされ，休暇や祝事には農村在住の親族を訪問するのを常としていた）。1906年にストルイピンは農村政策の改善と農民に土地を与える方途を見出そうとした。そこで考え出されたのは，農民に共同体から離脱する法的権利と現実的可能性を与え，アメリカのような個人農家を基礎とした農業経営を開始することであった。シベリア地方の広大な領土が新しい土地で新しい生活を始めようと願う人びとに与えられ，1914年までに330万人がシベリアに移住し，そのさい彼らの旅費は国家予算から支払われ，少額ながら150ルーブルの貸付金も供された。しかし国によるこれらの支給や貸付は，新住民が移住の恩恵を得るには少なすぎた。実際，約50万人は元の土地に戻った (Federov 2001: 264)。とはいえ，農民人口の4分の1は共同体から離脱し，その大多数は土地の所有権を得て自分自身の独立した農業経営を開始し，またその中には後に都市に移った者もいた。ストルイピンは，およそ20年後には農業を再構築して共同体生活を変革し，新しい農民秩序の社会的基盤を整えようと目論んだ。しかし第1次大戦の勃発と1911年に起きた彼の悲劇的な死（キエフのオペラハウスでショウを観ていた時にテロリストに暗殺された）によって，この改革は中断された。

(3) 革命前夜における権力不信と伝統型信頼

　1905年の諸事件の間における国内政策，特に1月9日の皇帝への平和的請願デモに対して浴びせられた一斉射撃の事件は，君主政体と皇帝ニコライ二世個人に対する勤労階級の信頼を，多かれ少なかれ傷つけた。皇帝はますます人気を失い，人

びとは彼とその政府を信じようとはしなくなった。労働組合と労働運動の成長は革命的趨勢をさらに広めるのに寄与した。労農評議会が新しい権力形態として突如出現した。1914年に始まった世界大戦はロシア帝国を直ちに経済的，政治的，社会的，国民的全面危機へと導いた。戦争中，男性人口の4分の1が軍に徴用され動員されて，国民経済，特に農業は労働力不足となり，そのため農業生産性は低下し（穀物生産は20％にまで，砂糖生産は3分の1に落ち，食券制がどこでも導入された），軍の必需品はほとんど満たされず，1916年には皇帝の政府（ボリシェヴィキではない）は軍の必要のために，農家からの穀物の強制徴発を始めた。インフレの急激な昂進のため基本的食材の価格が4〜5倍に高騰し，燃料危機がモスクワを襲い，反独ヒステリーの中でサンクト・ペテルブルクはペトログラードに名称を変えた。戦況はロシアにとって概して好ましくなかった。ロシアはポーランド，リトアニア，ウクライナ西部を戦闘で失い，200万人が死に，それよりはるかに多数の人びとが傷ついた。戦争の終着点は見通せず，多くの兵士や農民は南部国境を死守することが自分達にとって実際に必要なのかどうかもわからなくなっていた。そのため社会全体，すべての社会階級（労働者，兵士，農民，政治エリート，土地貴族）はその階級的地位の高低に関わりなく，皇帝の政府とその愚かな政治に失望していた。ニコライ皇帝という人物と帝政という制度に対するこの全般的不信が，1917年革命の土台を据えた。そして帝政という伝統主義と伝統型信頼の第1の砦は瓦解した。しかし人物個人の意義は問われないままであった（それが全面崩壊させられるのはスターリン崇拝に対する攻撃がなされた40年後のことである）が，新しいもの，つまり新しい秩序や新しい生き方を取り入れようという

意志，すなわち革新が，初めて伝統にとって代わった。事実，この革命の意義は「への自由」ではなく，「からの自由」による伝統的価値の実現にあったが，伝統型信頼の崩壊過程は既に始まっていたのである。

⑷　革命期における信頼類型の動揺

1917年2月革命の後，暫定政府はロシアを世界で最も民主的な国の列に加えようとした。一方，伝統型信頼（皇帝に対する信頼）は破壊されたが，国会や地域行政といった新しい権力形態に対する信頼はまだ未形成であった。この時点で農民世界でも社会的道徳の転換が始まった。旧型の伝統的規範と共同的価値は次第にその力を失いだした。しかし新型の規範と価値はまだ出現していなかった。このような道徳状況は，デュルケームがアノミーと呼んだものに相当していた。多くの人びとは戦争と関わり（男性人口の25％以上），武器の使い方を学び，戦争の残虐さを見て，平和からは遠く隔たった状態にあった。人間的生活の価値は劇的に低下し，人びとはどんな状況にも合わせる用意があった。それゆえ，伝統型信頼と伝統的道徳は強制という形をとり，上位階級と下位階級との連帯は，増大する疑念と不信に取って代わられた。しかし神に対する信頼，共同体に対する信頼，外在的権力に対する信頼はまだ社会意識の中心にあり，それが全面崩壊するのはソヴィエト時代の後のことである。

暫定政府は状況の安定化と確実化に向けて多くのことをしたが，軍事政策の続行（停戦を受け入れなかった）と経済危機の深刻化のため，その政策綱領は広範な信頼を得ることができなかった。実際，強力で鮮明な政策を打ち出せなかったこの政府

の無能さが，ロシアを全面的な破局へと導いた。1917年10月に共産党（ボリシェヴィキ）が難なく権力を掌握できたのは，そのためである。政治権力はボリシェヴィキが決定的役割を担うソヴィエト（評議会）の手に移り，新政府は直ちに，兵士に平和を（戦前の状態への回帰を基にして），農民に土地を（土地の地主的所有を非合法化した），民族に自由を（民族自決の権利を付与），という宣言を打ち出した。これは偉大なアイディアではあったが，これらのスローガンはすべて宣言にすぎなかった。しかしその種の政策は大多数の人びとによって支持された。軍隊は心底から停戦を支持し，農民出身の大多数の兵士達は直ちに任務を放棄して，土地の再配分に積極的に与かろうと郷里へ向かった。しかし彼らの性急な行動は，略奪の増加，強制力の行使，道徳の劣化を随伴した。1918年には重工業の大企業は国有化され，労働者には生産と分配の過程を自ら統制する権限が与えられたが，労働者自身は技術過程の組織の仕方や企業の運営の仕方の知識をほとんど持ち合わせていなかった。そうこうしているうちに生産の実績は下降し，新政府は生産過程を技術的に組織するために人民委員を送り込まざるをえなかった。農村地域では，土地再配分の権限は「コムベート」（貧農委員会 KOMBED）という名の組織の手に掌握され，その組織は土地の配分を意のままに行い，それが不公平で不平等に行われた（それはまた30年代初頭の農業集団化の時期に再現した）ために，やがてボリシェヴィキによって解散させられた。

　ボリシェヴィキが権力を掌握した後も，経済危機はますます深刻化した。ボリシェヴィキはこれに対して間もなく新たな経済対策を打ち出したが，それは不可避的に強制的措置の形を取らざるをえなかった。それはいわゆる「戦時共産主義」とい

VI　ロシア社会の信頼類型

う，経済社会生活の混乱をどうにかして収拾するための特殊な政策であった。この政策によって市場と貨幣による経済行為は不要として廃止された。その結果として現実には闇市場が蔓延し，インフォーマル経済と物々交換が支配的となった。1918年に始まった内戦は世界大戦と革命の悪夢を引きずっていたが，その特徴は過去を善しとする人達と未来を善しとする人達との間の精神戦争であって，一方の陣営は「白色テロ」，他方の陣営は「赤色テロ」といった，道徳無視の手段を使って戦いあった。農村人口の大多数はこれら2つのイデオロギーの狭間にあった。農民は当初，どっちつかずの立場をとっていたが，白軍がその占領地で旧体制を取り入れたのを見るやいなや，経済政策の惨さにもかかわらずボリシェヴィキの支持に回った。ボリシェヴィキは農民の土地所有を宣言していたので，彼らはそれが必ず保証されると思い，赤軍を支持したのである。そのうえ農民は，ボリシェヴィキが宣言したプロレタリア独裁は農民との同盟を基礎に置くものだと信じ，ブルジョア階級との闘いをボリシェヴィキが提起すると，その側に立った。赤軍も白軍もその道徳価値は同質であって，両陣営で用いられたのは力の論理であり，生き残り第1主義がキリスト教の道徳価値に取って代わった。

　第1次世界大戦と革命と国内戦はロシア社会の社会構造と道徳価値を甚だしく変えた。1914年から21年までの間に2,000万人が非業の死を遂げ，200万人以上が国外に逃れ，700万人の子供が孤児になった。この変動の影響を全面的に被ったのは主として都市住民であり，彼らの多数がまだましな農村地域に流出した（ペトログラードの人口は半減した）。その結果，予想外の農村化が起こり，工業労働者の数は5分の1ないし6分の1

に減少し、1921年時点で100万に満たなくなった。こうした大変動の流れは心性の変容をもたらした。ロシア史上初めて国民の大多数を占める農民が伝統と旧体制に反旗を翻し、新権力と新体制を支持した。こうして伝統主義の基盤は破壊されたり再建されたりしたが、人びとは皇帝に対する信頼を放棄し、旧体制に対する信頼を拒否して、新体制を支持したのである。しかしカリスマ的指導者に対する家父長的信頼は支配的であり続け、皇帝に代わってレーニンが、そして後にはスターリンが信頼の対象となった。人びとが彼らを信頼の対象としたのは、その思想に共鳴したからだけではなく、彼らを新社会の生みの父として信じたからであり、その人物像への信頼のレベルは上昇して、労農階級間の連帯も強化された。これは伝統型信頼が新しい形態へと変容するそもそもの始まりであり、やがてそれは1930年代の後半に完全な形で再構築されることとなった。

　しかし旧型の信頼形態は存続し、農村社会は共同体の土台と家父長主義の上に成り立っていた。新しい諸変化の中にあっても共同体は重要な役割を演じつづけ、それは革命前の時代よりもソヴィエト・ロシアになってからの方が顕著となった。農業集団化の直前の1927年時点で、農民の土地の90%以上はまだ農村共同体に属していた（Ryazanov 1998: 336）。そして農民と都市住民の間には深い溝が広く存在していた。ゴーリキーは1922年にこう述べている。農村住民は都市から手伝いに来る人達を信頼しなかっただけでなく、都市そのものを全面的に不信と猜疑の目で見ており、都市とは農民の犠牲の上に暮らし、農民には全く役立たずの無数の物品を作り出している、抜け目のない策略家達の複合体だと考えている、と。

(5) 1920年代ネップ期の社会変動と信頼類型の再編

　農民達はボリシェヴィキに対して，その政治綱領を信じていたが，経済政策に関してはまったく信じていなかった。経済の強制的統制，市場と通貨の破壊はついに大破局を招いて，1921年の飢饉では500万人が死んだ。この難局を凌ぐためにボリシェヴィキ，とくにレーニンが打った手は，「ネップ」(NEP) と呼ばれる新経済政策であり，それは市場経済の復活を図るものであった。強制的徴発の代わりに穀物で徴収する糧食税「プロドナローグ」(prodnalog) が導入され，農民は余剰生産物を自由市場価格で売れるようになった。農民はこの政策を信頼し，その結果1926年には穀物の総生産高はピークに達し，1914年の水準に匹敵するようになった。また，工業企業も金銭ベースで経営されるようになった。しかしレーニンはネップを前進のための一歩後退の策だとした。指令上層部はボリシェヴィキの掌中に握られて，重要産業や運輸通信手段は国家に所属したままであった。とはいえネップ期には経済活動の自由が人びとに与えられただけでなく，民主化の様相も明らかに見てとれた。その中で最も重要なのは，教育における民主化が広く進んだことである。

　帝政ロシアにおける識字率は極めて低かったが，革命期初期には伝統的心性の全面否定とともに教育に対する関心が顕著に高揚した。この国民的動向はボリシェヴィキ政府の支持のもとに促進され，1919年には労働者と農民のための職業学校（多くの場合，短時間授業制ではあったが）が広範囲にわたって開設された。その後1930年までの間に識字率は統計でみると33%から63%へと高まった（但しここでいう識字率は欧米諸国のそれとは概念を異にしており，ただ読む能力だけが測られ，書く能力は計算

外であった)。

　民主化のもうひとつの様相は,女性の自由が拡大したことに見てとれる。ロシアの歴史の中で女性はこの時になって初めて経済活動に平等に参画する権利を与えられ,自立して生きていけるだけの収入を得ることができるようになった。都市地域では漸次,家父長制を土台とした伝統的大家族に代わって小規模の核家族が増え,その結果20年代には離婚数が3倍に増えた。

　20年代における経済社会生活上の最も興味ある,しかしあまり研究が進んでいない現象のひとつは,官僚制の急速な発達である。教育をあまり受けていない労働者や農民が急に意思決定の当事者となり,官僚主義に対する批判的な公式キャンペーンが繰り広げられたにもかかわらず,新官僚の数は3倍に膨れ上がった。新官僚達は管理事務の基本を習得しようとしたが,実際に身に着けたのは形式的な駆け引きのルールだけで,官僚制的手続きの本質そのものを習得したのではなく,官僚制の全般的な実効性は極めて低いものとなった。彼ら新「管理者」達が学んだのは地位,位階,服従,猟官などの諸原則で,彼らの仕事の形式合理性に汚職や過飲や無能が随伴したのは驚くに当たらなかった。形式合理性の諸原則は伝統的心性と伝統型信頼に挑み闘ったが,農村に根差した伝統的諸特徴は20年代後半に至っても極めて色濃く存在し続けた。

　ネップの時代とそれに照応した市場の発達は,ロシアを近代的産業国に転換するほどのものではなかった。確かに工業生産も農業生産も増大し,1927年には戦前の生産水準を実質的に取り戻したが,この国の特徴的心性はまだ優れて農村的であった。1926年の国勢調査によると,ソヴィエト連邦全土の人口は1億4,800万人で,その構成は労働者10.8%,農民73.0%,

その他(小ブルジョア,失業者,職人,等々)16.2%であった(Sokolov 1999: 154)。スターリンとその一派は,伝統的,したがって非社会主義的要素の強力な基盤が農村に手つかずのまま残存しているかぎり,社会主義的政策は成功しえないと明察した。膨大な数の農村住民は,実際,国家とは全く無縁な存在であって,しかも共産主義者の長期的政策と衝突する可能性すらあった。ちなみに当時,農村人口中に占める共産党員の比率は僅か2.5%に過ぎなかった。それゆえこのような事態の放置はスターリンにとって隠れた落とし穴となりかねず,ソヴィエト体制にとって潜在的危険物であった。

(6) 1930年代の強行的工業化・集団化と信頼環境の転換

　こうした事情の下に,圧倒的に農村的であるロシアという国を近代化するために採用されたのが,工業化の強行と農業の集団化の構想であった。「社会主義的工業化」のアイディアは,国家計画委員会の厳格な統制下での計画経済の成長,重工業の建設と発展,そのための強行的資本蓄積を土台としていた。同時に,市場経済制限政策は社会主義的工業化政策の一環としても考えられていたが,実際にはそれは公的市場を闇市場に移し替えるだけのものでしかなかった。1929年に始まった第1次5カ年計画はロシアを工業国家に転じることを目指したが,その計画目標は4年と4半期を過ぎても達成されず,長期的な工業化の目標も1945年–50年になってすら果たされなかった。しかしそれでも重要な変化はあった。GDPの年間成長率は5%を超え,工業生産の伸び率はそれよりも高く,17%に達した。この率は決して統計的な粉飾ではなく,一般に建設期には通常高い成長率が記録されることを考えれば,妥当な数値だといえ

る。それに加えて，西側世界の大恐慌からも恩恵を受けた。新技術を西側から比較的安価で購入できたからである（その最も興味深い例はニージニー・ノヴゴロドにフォードがゴーリキー自動車工場を建設したことである）。1933年には政府は第2次5カ年計画に着手した。それは消費財生産に力を入れるものと想像されたが，実際には強行的工業化の政策が続けられ，資源の多くは資本財に投じられた（国民所得の平均30％，1932年には45％に上がった）(Sokolov 1999: 183)。工業化のための財源は外国からの借款には頼れず，輸出収益（とりわけ木材と穀物の輸出）や消費材生産，および消費者生活の犠牲によって賄われた。他面，膨大な量の雇用の場が創出され，特に東部における建設現場は農村住民を次つぎと惹きつけた。

　強行的工業化計画に随伴して農業の「集団化」計画が打ち出された。個別農家経営よりもはるかに大規模な経営単位（コルホーズ）を打ち立てて農業に近代技術を導入し，重工業部門に対する需要を活性化させようとしたのである。しかしその実際の意図は，農村地域の社会構造を変化させ，農村人口をより共産主義政策に依存させ参画させる点にあった。確かに国家から機械が支給される（「MTS」の設立）など前向きな措置もとられたが，農業生産の総量は集団化の時期に幾倍も低下した。革命後のロシア史上で再度，農村の貧農とその組織コムベート（貧農委員会）が権力を持ち，没収や調達がその政策遂行の道具となった。コルホーズ（集団農場）に入りたがらない者は追放された（その数はおよそ200万人）。実際，こうした状況の下で，多数の農村人口が家を捨てて都市地域へ流れていった。その数は1931年だけで400万人以上にも上った。小さな共同体の中で緊密な関係を結んでいた村民達は，彼らの自然的な社会生活

環境を去って新しい社会空間へと移った。その際彼らは，過去から引き継いだ個人と社会との結びつきの習慣をそのまま都市生活に持ち込んだ。こうして共同体の社会類型が都市の社会空間に植えつけられ，社会とその成員との極めて緊密で直接的な絆が再生産され，こうして専制と全体主義を支える環境が再生産されていった。ついに1939年には，流入者の洪水に何の備えもないまま，都市人口は33%へと劇的な増加を記録した。パスポート制度や強制登録制度など様ざまな制限策が講じられたにもかかわらず，農村からの移動者の多数は特にモスクワやレニングラードのような最も魅力的な大都市へと向かった。事実，農民には一般にパスポートを取得できる可能性がなく，したがって国内を自由に移動できる可能性はなかったが，間もなく新手の移動経路が考え出された。赤軍とか工業建設現場での採用や教育訓練への応募の機会があったからである。

　1932年には，悲劇的な集団化政策のために300万から1,000万の農民が餓死した半面，ソヴィエトの穀物輸出は伸び続けて，工業化のための資金を調達していた。スターリンの最初の取り組みは「大成功」であった。しかし農村生活の社会的な実質は破壊され，「クラーク」（富農）と呼ばれた人びと（農村人口の中で最も裕福で活発な経済活動主体だった人びと）は追放され，ある人びとは都市に移り，残った人びとは工業部門と同じように積極的労働意欲を欠いたまま，新しい農業生産体制に繰り込まれていった。1932年にかけて農業生産高は急速に落ち込み，1928年のそれの73%になった。この間，公式プロパガンダは架空の成功と虚偽の成果を宣伝した。ここから信頼の二重スタンダードが生まれ，公的情報と私的情報とは全く別物となった。1936年のソヴィエト憲法は市民のあらゆる民主的権

利を謳いあげたが,その権利として自由を要求するなどは狂気の沙汰でしかなかった。それにもかかわらず共産主義者の宣伝はかなりの効果を上げ,たいていの人びとはマスコミ(新聞,とりわけラジオ)の情報にとらわれて,その架空の話を信じた,あるいは信じようとした。新しく育ったソヴィエト的人間の大多数は新しい行動作法を受け入れようとして,共産主義権力が掲げるスタンダードに順応した。こうして権力に対する信頼が再生産され内面化された。

1934年に共産党レニングラード組織の指導者キーロフがテロリストによって暗殺された。この事件は,スターリンが始めた大量粛清の引き金となった。1936年には13万1,000人が逮捕され,その数は翌1937年には幾倍にも増え,およそ100万人に上った。30年代後半には隠然とした恐怖と疑惑の空気が蔓延し,それを促したのは公的テロに寄与した内部人民委員部(NKVD)の情報隊であった。告発や脅迫が昇進の手段として使われた。それは「ノメンクラトゥーラ」という幹部任命候補者リストに名前を載せるための闘いであった。事実,支配層も一般大衆も大量テロで抹殺されたから,昇進の機会は無尽蔵となった。そのお陰で多数の若い党員が30歳か33歳くらいの年齢で経済機関の重要ポストに任じられた。その結果,社会的信頼が低落すればするほど,権力に対する公的忠誠という形で制度化された信頼が肥大した。公的世界で疑心暗鬼が蔓延する中で,私的な家族同士の家族主義的信頼はむしろ強化されたが,小さな共同体の内部ですら信頼の低下は明瞭であった。

このように,テロと恐怖と宣伝(マスメディアの国家独占による)が,伝統型信頼に代わる30年代の信頼の源泉であった。家父長主義的信頼の範囲は拡大され,「社会=共同体」の全体

が農村出身者達によって，父（共産党指導者）と息子（ソヴィエト市民），権力者と服従者，発見して処罰すべき内外の敵とからなる，大家族とされた。このような人達の大多数にとっては，専制と全体主義は何か自然で正当なものであった。伝統的秩序の特質はそのままでその形態だけが異常に変わった30年代の社会生活は，革命前の社会の母型を拡大模造したものであった。正教の教会ですら国家に従属し，その体制を支持さえした。人びとはこの「社会＝共同体」とその諸属性に対して信頼し，体制が打ち立てた新しい規則に沿って行動した。スターリンはこの新形態の家父長主義を意識的に活用し（第2次世界大戦開始の際の演説で彼が人民に対して呼びかけた言葉は，公式用語の「同志諸君」ではなくて，「兄弟達」であった），自らを創設の父，保護者，裁決者として民衆からの信頼を獲得し，自分に対する個人崇拝を再生産していった。一方，権力の側は民衆を信頼しなかった。たとえば戦争キャンペーンの当初には，モスクワの住民に対して，個人のラジオを地域当局の手に渡す命令が出された。国家の情報独占を徹底させるためであった。

3. 変化の始まり

　大祖国戦争（第2次大戦における独ソ戦争のロシアにおける公式名称，ここにも家父長主義的色彩がみとめられる）の間，権力に対する，そしてスターリンに対する民衆の信頼は強化された。仮想だった「外部の敵」が急に現実のものとなって，民衆は政府とともにその敵と戦うこととなり，虚偽の宣伝は真実となり（新聞やラジオは戦争状況について多かれ少なかれ真実を伝え），道徳状況も変わり，国民は大惨事（どの家族も戦争で何らかの被害を

被った）の中で苦痛と同情を感じあったからである。誰ひとりとして，勝利に向けたスターリンの意思と希望を疑う者はいなかった。

　1945年の勝利の後，状況は激変した。1941年から45年までの間に2,600万人以上（スターリンは僅か700万人と言っていたが）が死亡し，そのうち2,000万人が男性だったから，人口構成の歪みが破局的になった。1959年当時の生存人口は女性1,000人に対して男性は633人で，700万人以上がドイツからの引揚者だった。工業地域は廃墟と化し，戦前の国富の30%が破壊され，2,800万人がホームレスになった（Hosking 2000: 283）。それにもかかわらずソヴィエト国民は戦中と戦後の困難の中を生き延びた。

　しかし心性と道徳性は激変した。戦時中は自分自身で独自の判断をして生きていかねばならなかったから，その間に人びとはより自立した人間になり，権力に対してよりも身近な仲間同士を信頼するようになり，NKVD員など気にしなくなり，国家キャンペーンの下でも自分自身の個人的行為を信じるようになった。多くの兵士達は生まれて初めて外国へ行き，占領した西側諸国（ノルウエーからオーストリアに至る）の生活水準の高さを目にした。人びとは生活水準であれ政治的自由であれ，自分達自身の生活状況に不満を持ち，権力を批判し体制の欠陥を公然と論じるのを恐れなくなり，内外の敵が眼中から消えると間もなく，よりよい生活を期待し，抑圧と疑惑のない自由な社会を望むようになった。赤軍の元将校たちはNKVD幹部を信頼せず，自分達こそソヴィエト社会のエリートだと自認した。それからやや経って，労働者や農民出身者達が自分自身の新しいアイデンティティを求め出すようになった。

こうした中でソヴィエト社会における社会的連帯は有機的連帯の特徴を帯び、伝統的秩序と伝統型信頼の転換をもたらした。そして後れていた近代が次第に進み出し、その結果が明らかになってきた。1度目は1917年の革命が信頼の性質を激変させたが、2度目は第2次世界大戦がその決定的な役割を果たした。1953年のスターリンの死の後、社会も共産党指導者も全体主義を糾弾し、スターリン個人をも攻撃しだしたのは、驚くに当たらない。素朴な家父長主義が消えてなくなり、30年代の粛清の真実とスターリン個人の役割が明らかとなり、絶対的善が絶対的悪に転じ、絶対的信頼が絶対的不信となった。カリスマ的指導者への信頼という、伝統型信頼の第2の砦は崩れ去り、もはや20世紀ロシアの歴史に復活することはなかった。ただしレーニンの人物像に関しては、80年代に全面的検討に付されるまで手つかずのままであった。

　では伝統型信頼はどんな形態をとって生き続けたのか。神に対する信頼はマルクス・レーニン主義（宗教としての共産主義）に対する信頼へと代えられて部分的に壊され、帝政に対する信頼はカリスマ的共産主義指導者（レーニン、スターリン）に取って代えられ、全面的に払拭された。伝統型信頼の形態でなお残存しているものがあるとすれば、それは社会共同体としてのソヴィエト国家に対する信頼であり、かつての農村共同体「ミール」に対する信頼に該当するものである。しかし1950年代から80年代にかけてのソヴィエト社会の歴史は、一貫して国家に対する不信の増大の歴史であった。

　1946年–47年には、国営農場での義務的労働に基礎を置いた旧態依然の農業政策のため、200万人以上が餓死し、1億1,000万人が飢えに苦しんだ。その一方で、占領地の東ベルリ

ンへの食糧供給は気前よく行われ，ドイツ人向けの食糧配給は1944年の水準を着実に上回り，こうしたことでソヴィエト権力は自らの「長所」を見せつけた。同時にソヴィエト連邦は西側に250万トンの穀物を輸出した。こうした中で1950年には農村人口の税負担は一層重くなり，税金は全体で2.5倍に引き上げられた。1952年には山野で採取したイチゴ類やキノコ類から得た収入も課税対象となった。ますます多くの人達は集団農場でではなく，自分の小さな土地や庭で精を出して働く道を選んだ。そのような土地は全土の1％にも満たない広さしかなかったが，そこからは肉，馬鈴薯，ミルクの3分の2がもたらされた。農村から都市への人口の大量流入がまた起こったが，その都市の生活水準は決して高くはなかった。しかし今度は農村的心性に変化が起こっていた。年配者は自分の子供がもはや郷里にとどまらずに，進学して都市市民となるための合法的で効果的な方途を見出すのを望むようになった。その結果，学校を卒業した後も親と一緒に村に残る若者の割合は僅か10％に留まり，農村の人口減少が進んだ。農村から都市への人口流入の最後の波は，1974年に始まった。この時には農民はやっとパスポート取得の権利が与えられ，居住の自由の権利を手に入れたからである。

　戦後の教育の流れには興味深いものがある。それは驚異的ですらあった。当時の学生数はヨーロッパとアジアのそれを合わせた数よりも多かった。1949年-50年には7年制の中等教育が義務化され，高等教育を受ける学生の数は1950年-51年には125万人だったが，1960年-61年には240万人，1964年-65年には360万人に増加した。国民経済の中で働く勤労者のうち高等教育修了者の比率は，1939年には1.3％に過ぎな

かったが，1959年には3.3％，1970年には6.5％，1979年には10％となり，中等教育修了者の比率はそれぞれの年につき11％，40％，58.8％，70.5％へと増大した（Hosking 2000: 390）。このような高学歴化の波はソヴィエト社会の社会構造と支配的心性の全面的な変化をもたらした。公教育によって据えられた合理的思考様式は，アイデンティティや社会共同体や国家と権力に関する伝統的態度を徹底的に変容させた。1939年の国勢調査では人びとの過半数が神を信じると答えたが，1960年代初頭に行われた社会学的調査のデータによれば，その数は都市部で10％–15％，農村部では20％–25％へと低下していた（Arkhipova 2001: 210）。ソヴィエト権力に対する信頼は，高学歴化による合理的思考様式の浸透によって浸食されだした。最初の反ソヴィエト・キャンペーンは知識エリートに支持されて，大学と学術研究機関から起こった。その最初の衝撃となったのは，共産党第20回大会（1956年）でフルシチョフが行ったスターリン個人崇拝に対する批判演説であった。

　高学歴化と合理的思考様式の広がりが第1の衝撃波だったとすれば，第2の衝撃波はポーランド，ハンガリー，ユーゴスラヴィアで起こった事件から来ている。1948年にユーゴスラヴィアでチトーが立ち上げた反スターリン的政策は，突如，社会主義政策のオールタナティブな道を提示した。これを契機に，権力に対する盲目的な信頼が，権力に対する合理的態度に取って代わり，人びとはオールタナティブな道を模索しだした。コムソモール組織（共産主義青年同盟）の指導者でモスクワ大学の若手歴史学者だったクラスノペフツェフは，共産党の政策に幻滅して，偽りに満ちた官製史観に囚われずに本来の共産党史を研究する秘密グループを打ち立て，1957年にはそのメンバー達

が労働者の間で行動を組織してストライキを呼びかけ，粛清に関わった人びととを裁くことを訴えた（フルシチョフ自身もその一員だった）。同様な行動を試みたレニングラードの若い学生トロヒモフはブハーリンとその政策の復権を求め，ハンガリー事件でのソヴィエトの干渉と弾圧を糾弾し，工場労働評議会としてのソヴィエトの本来の役割を訴えた。言うまでもなくこれら2人の若い革命家は投獄されたが，彼らの行動と思想は，後に「権力の非神聖化」と呼ばれるようになった一連の過程の始まりと，共産主義体制に対する不信表明行動の広がりを，明らかに象徴するものであった。それは後年，物理学者サハロフや作家ソルジェニツィンらの著名な反体制派の人びとによって引き継がれた，全体主義に対する道徳的闘いの最初の種子であった。

　フルシチョフは社会も経済も自由化しようと試みた。生活福祉は改善され，50年代後半の軍事費は大幅に削減され，工業労働者の実質賃金は1960年代の10年間に40％上昇し，社会保障プログラムが整えられ，住宅政策は優先され，協同組合による住宅建設の政策が公式に支持されて，民衆は30年代以降初めて共同住宅から出る機会を得た。しかし一般にはフルシチョフの経済政策は民衆にばかりか彼の司令部からも支持されなかった。彼は経済管理をある程度分権化して企業間の横の関係をより効率化しようとしたが，それによって縦の関係が壊され，その一方で横の関係は打ち立てられなかった。経済管理の指令システムは部分的に壊され，そこに経済活動の市場化が浸透し，計画エージェント（コネや買収を用いて計画システムから賃料を取る「トルカーチ」(推進者)のような特殊な専門職業）が生まれた。こうして計画経済の中で市場経済の諸原則が力を持つよ

うになり，計画システムに対する信頼は腐食した。1954年にフルシチョフは「処女地」プログラムの開始を告知した。これはカザフスタンの広大な不毛地を開拓して農業生産を高めることを狙ったものだったが，彼の愚かな政策のために，農業の中に僅かながら残されていた市場的要素は除去されてしまった。彼は処女地開発における土壌の不可避的な荒廃を指摘する人達の意見に耳を貸そうとはしなかった。彼はまた，トウモロコシなど伝統のない穀物を作付けする実験を続けた。しかし，市場なしで農業を推進しようとしたこれら全ての試みは早晩失敗に帰し，彼の個人的人気はますます低下した。

　1964年にフルシチョフが失脚した後，当時若手で活動的だったブレジネフが工業企業の独立性を拡大する一連の経済改革に着手し，国民経済計画の中に市場的要素を公式に取り入れた。コスイギン（当時の首相）は国家計画システムの主要指標として利潤概念を導入し，現物本位の計画から貨幣本位の経済管理への移行を打ち出した。その意図は，企業を市場の需要に対応させて，もっぱら社会のニーズに見合った物品を生産するようにして，質の悪い工業製品を改善することにあった。ところが実際には生産性は低下し，品質は改善されず，計画システムは分解し，部分的改革措置では経済システムの変更ができないことが明瞭になった。70年代初頭の石油危機ではブレジネフの経済関連の権力は維持されたものの，80年代にはソヴィエト体制は本格的な経済危機と政治危機に陥った。70年代に既に闇市場と地下経済が蔓延し，そこに従事する人間は80年代中葉には1,500万人以上を数えた。ソヴィエト社会の公式道徳の構造は完全に崩壊し，人びとは公的な政策を信頼しなくなり，宗教も信じず（70年代，特に80年代には宗教的価値のほと

ばしりが幾分見られたが、それでも全般的状況の流れは変わらなかった)、政治宣伝と国の公式情報を信頼しなくなった。

　権力に対する信頼が70年代に底をつく中で、信頼の対象を外部に求める傾向、つまり信頼の機能的代替が起こった。シュトムプカが言う「信頼の外部化」である。つまり、国内の制度、事物、製品は質が悪く（ソ連製の物品は全て悪質と定義づけられた)、外国製の物は全て良質だと考えられた。信頼は西側の社会や経済、文化や政治という、遠方の事物に向けられるようになった。

　信頼の機能的代替のもうひとつの表われは、「信頼の内部化」である。つまり、社会的信頼の公的領域から私的領域への移行である。人びとが信頼できるのは自分の家族と閉鎖的な小集団の中の友人や仲間だけとなり、あらゆる公的領域は社会的信頼の範囲から外され、それに代わって70年代に信頼の最高位に来たのは家族主義的価値、そして道徳度外視の家族主義であった。道徳度外視の家族主義は、その当時、上から下までの汚職まみれの中で再生産された。当てにならない公式機関に対しては、人びとは贈与と買収で個人的に処した。当時は情実が蔓延し、社会的規範は個人的コネの網の目に置き換わった。

　機能的代替のさらにもうひとつの表れは、消極的な受け身の姿勢であった。人びとは自分自身をも信頼せず、状況を変革する可能性を信じず、どんな事柄にも行動を差し控えた。そのため70年代には度数の高いアルコールの消費量が数倍にも増え、数年後にはゴルバチョフが反アルコール・キャンペーンを展開せざるをえなくなった。30年代や戦後一時期のソヴィエト社会を特徴づけたあの社会的熱気は、こうして社会的消極主義に取って代わられた。

70年代における道徳構造の崩壊は犯罪集団の増長をもたらし，人びとは実利主義的動機に駆られた行動と金銭追求だけに懸命になった。その結果，冷笑主義が社会の基本的特徴となり，人びとは自分の目的を達成するためには，どんな手段も厭わなくなった。それゆえ70年代のソヴィエト社会は道徳を欠いた社会となり，社会的不信の全般的空気に覆われた。

ゴルバチョフ改革の初期段階では公式プロパガンダの欺瞞性が暴露され，「グラースノスチ」（公開）政策の下に国家はマスメディア独占をやめた。こうして真実の独占がなくなるとともに真実の二重スタンダード（ひとつは私的なもの向け，もうひとつは公的なもの向けのスタンダード）も不要になった。民主主義と新しい道徳性に向けた有意な第一歩は，ソヴィエト国家と共産党権力の全面崩壊をもたらすこととなった。1991年の短期的なクーデターの間，大多数の人びとは市場経済に向けた経済政策を支持し，ロシアの新政策に賛同した。そしてソヴィエト連邦の歴史は幕を閉じた。ちょうどその前身のロシア帝国がそうであったように，ソヴィエト連邦とその20世紀の歴史は，新ロシアの出発点を用意する役割を演じた。だがその道程はかつての時代のそれよりも厳しいものがある。

4. 結論

ロシアにおける信頼と道徳性の変容過程を要約するにあたって，筆者はソヴィエト時代の社会的帰結と，信頼と道徳性に対する人びとの態度の変化を素描しておく。

革命前の社会からソヴィエト社会に引き継がれた伝統型社会は今や近代型社会に転換し，絶対主義的帝政と共にあった農村

型社会はソヴィエト時代を経て今や合理的官僚制を備えた産業型国家となった。皇帝への信頼に基づく伝統型信頼（一種の家父長主義的信頼）は民主的諸制度（大統領職，議会，独立した司法制度）への信頼に転換した。しかしこの行程はまだ完結の域には達していない（まだ多くの人びとが信頼の対象としているのは大統領職そのものではなく，プーチンとかメドヴェージェフといった人物である）が，転換過程はすでに確実に始まっている。

ロシア社会の人口構成の変化は非常に明瞭である。人口の80%が農業に従事していた農村型社会のロシアは，ソヴィエト時代に都市型産業社会に転換しだした。1959年時点の農村人口比率はまだ52.1%であったが，1970年には43.7%，1979年には37.7%，1989年には34.2%へと低下してきた（Statistical Yearbook 1989: 18）。伝統型の農村大家族は核家族に取って代わられた。社会構造に関して言えば，かつて10%だった労働者階級の比率が1989年には80%となり，特に20年代と30年代に急増した社会移動は60年代と70年代には一段落して安定化し，教育が社会移動のもっとも有意な経路となった。教育面ではソヴィエト時代に驚異的な成果が達成され，識字能力を欠く者はいなくなった。世俗化の波はソヴィエト時代に頂点に達し，宗教とそれに関連する諸制度は西側世界に比べて意義がなくなった。宗教的な価値と規範を土台とした道徳体系は，人工的な共産主義的道徳に取って代わられ，特に60年代後半と70年代には功利主義と快楽主義の普遍的体系へと変容した。80年代後半の「グラースノスチ」期には信頼の没道徳的な二重スタンダードは解消し，マスメディアの国家独占は複数主義に立つある程度は適切なメディアに道を譲った。伝統的心性は近代的合理的心性と理性的信頼へと，確実に変容した。社会的精神

は開放的となり，普遍的な近代的価値規範を受け入れ，市場型社会およびそれに照応する信頼と道徳への道が敷かれた。

文献

Arkhipova, T. (ed.), 2001, *Istorija Rossii: 1945-1999,* Moscow: Olomp.

Fukuyama, F., 1995, *Trust: Social Virtues and Creation of Prosperity,* N.Y.: Free Press.

Federov, V., 2001, *Istorija Rossii: 1861-1917,* Moscow: Vysshaya Shkola.

Hosking, J., 2000, *Istorija Sovetskogo Soyuza: 1917-1991.* Smolensk: Risich.

Mironov, B., 1999, *Sotsialnaya Istorija Rossii,* St. Petersburg: Dmytri Bulavin.

Misztal, B., 1996, *Trust in Modern Societies,* Oxford: Blackwell.

Ryazanov, V., 1998, *Ekonomicheskoe Razvitie Rossii,* St. Petersburg: Nauka.

Sokolov, A., 1999, *Kurs Sovetskoi Istorii: 1917-1991,* Moscow: Vysshaya Shkola.

Sztompka, P., 2001, *Trust, Distrust and the Paradox of Democracy* (working paper), Berlin: WZB.

Veselov, Y., 2004, "Changing Trust in the History of Soviet Society", in: H. Schrader (ed.), *Trust and Social Transformation,* Münster: Lit. Verlag.

Ⅶ　経済意識からみた信頼の動態
時系列的比較分析

ジャン・トシチェンコ

1. 研究の方法

　本稿の基本的研究方針は，信頼とその諸特徴の全体像を，経済的，政治的，道徳的，等々の社会意識の社会学的分析から把握する点にある。この研究方針のもとで，客観的（統計的）データの比較分析を通して社会意識の諸側面を明らかにすることによって，現実の信頼状況の諸特質を解明していく。

　ロシアで行われた1986－1990年調査と2012年調査を比較すると，政治的経済的状況の世界規模における変動を反映して，設問に一定の修正がなされている（表1参照）。データから幾つかの指標が削除され，他の幾つかは修正されたが，かなりの数の設問はそのまま残された。1986年調査ではロシアの中の6地域から1,360人，1988年調査では9地域から1,485人，1990年調査では17地域から工場労働者と経済専門職1,525人，2012年調査では12地域から1,201人が，それぞれ面接対象となった。

　これらの調査時点における経済意識が，全国レベル，地域レベル，組織レベル，個人レベルにおける信頼の一般的，特殊的，個別的特徴の解明を通して分析される。この分析視点に基づいて，国民（国家の次元），住民（地域の次元），成員（企業・近

隣・余暇グループなど集団の次元)，個人（個人間の次元）という，生活主体の諸側面における信頼の特殊性が考察対象となる。

表1　1990年調査と2012年調査の回答選択肢の違いと回答者分布
（「あなたはロシアの経済の現状をどう評価しますか」）

1990年調査	%	2012年調査	%
正常だ	1	よい	16.6
複雑だ	38	問題はあるが悪くない	29.5
-		どちらかというと悪い	35.5
悪い	61	非常に悪い	10.7
-		わからない	7.7

注：(-) 印は回答選択肢がないことを意味する。

2. 国民としての信頼

この次元に関しては経済・政治システムに対する信頼が測られている。ロシア全体の回答結果を分析すると，国内で実施された変革全般に関して，その信頼水準は一様でないことが見てとれる。

1990年データと2012年データを比較すると，政治システムの評価は良くなっており，とりわけ経済面の状況は正常だという評価を読みとることができる。否定的な評価は1990年には61%だったが，2012年には54%と，わずかながら減少している。ただし，われわれが見るところ，経済状況の改善向上という事実が該当するのは，顕著に発展し経済的成功を呼び込んだ商業サービス業の小企業家たちのことである。

データをさらに詳しく分析すると，経済状況に対する評価がなぜこのようになっているのかがわかってくる。また組織や機関によってはなぜ信頼が低下しているのかも見えてくる（表2参照）。

表2 以下にあげる項目のそれぞれについて，あなたは経済発展の阻害要因になっていると思いますか。(複数選択回答方式による)

	2012年	1990年
汚職腐敗	48.4	46
法律違反者の刑罰逃れ	36.8	–
経済政策の欠陥	34.9	62
不適切な経営管理	30.4	–
経済運営における行政の恣意性	24.6	30
有能な経営者の欠如	18.7	–
自由起業のための条件の不整備	14.2	23
物品生産・サービス提供の独占	10.4	34
従業員賃金の平準化	7.8	44
経済に対する犯罪集団の影響力	7.4	–
経済の政治ドグマやイデオロギーへの従属	7.3	28
生産活動やサービス活動の怠け者向け救貧施設への変質	4.8	34
その他	0.7	
わからない	3.2	

注：欄中の (-) は，1990年調査では載せられていなかった項目。

　この表のデータを分析すると，1990年時点ではどの要因よりも国家の経済政策に対する不信が最多数を占め，国家機関に罪が帰せられていたが，2012年時点では経営と取引における汚職腐敗や犯罪行為など，経済の作動メカニズムに対する否定的評価がもっとも多くなっている。ここで見落としてならないのは，経済発展の阻害要因として汚職腐敗といった悪行をあげた回答者の比率が1990年時点と2012年時点とでほとんど変わりがないという点である。しかし2012年調査では法律破りの放置をあげた回答者が約35％にのぼっており，この法律破りは汚職腐敗と重なるから，さまざまな形態の汚職腐敗をひとまとめにすると，これをあげる回答者の割合は2倍になると言えよう。行政の恣意性を問題視する回答者は1990年調査では30％，2012年調査では24.6％で，この約25年間に大きな変

化はなかったが，これは現代ロシアで人びとを苛立たせつづけている問題ではある。

別な調査データも，経済変動に対する信頼が高くないことを示している（表3参照）。

表3 「あなたは1991年8月以降，ロシアは正しい方向を歩んでいると思いますか，それとも誤った方向を歩んでいると思いますか」

	2003年	2005年	2007年	2012年
正しい方向	30	25	28	42
間違った方向	47	50	37	39
わからない	23	25	35	19

この表を見ると，世論はほぼ同じ大きさのグループに二分されている。政府の方向付けを支持する回答者たちが変革の立役者を信頼して，その方向付けに身を委ねていることは明白である。彼らは自分の経済的社会的状態に満足し，その状態を守ろうとしている。それゆえ，彼らが現行の政治システムの方向性をどんな場合でも擁護する理由は，完全に理解できる。肯定的回答の数字はロシアの全国選挙の結果と多かれ少なかれ照応する。その選挙では統一ロシア党が50％-60％の支持を獲得し，有権者全体（選挙当日に投票を棄権した者も含めて）に対するその割合は40％である。

しかしそれ以上に説得的な見解は，ロシアは誤った方向に進んでいると見る人たちのそれである。彼らの経済的社会的実情は，彼らがかなりの困難や損失を経験し，またある者は富を得る展望を持てないでいることを示している。ロシアが正しい方向に進んでいるという人たちの見解と同様に，彼らの見解も説得的である。なぜなら彼らは自分たちの日常生活に直接照らして，ロシアは誤った道を歩み続けていると確信しているからである。明らかに彼らはロシアの国家機関やその約束を信頼して

いない。選挙で野党に投票した人達や棄権した人達は、まさしく彼らからなる。

経済変革への信頼感は主要な政治諸機関へのそれと相関する。政治的信頼はいくつかの国家機関の活動評価に当てられた設問から、ある程度判断することができる（表4および表5を参照）。

表4　2012年調査：「あなたは次の規制機関の活動をどう評価しますか」

	肯定的	否定的	わからない
大統領	47.0	26.5	26.5
連邦政府	26.3	38.5	35.2
国会 (Duma)	20.3	44.5	35.2
地方知事	38.2	29.9	31.9
市幹部	30.4	39.6	30.0

表5　1990年調査：「あなたは次の機関による経済改善努力をどう評価しますか」

	肯定的	否定的	わからない
ソ連共産党中央委員会	8	38	54
共和国政府	18	27	55
地方行政機関	9	36	55
企業管理部	19	29	52
地方党機関	8	40	52

質問方式は多少違っていても、問題の核心は同一である。全体として、ソヴィエト・ロシアにおける規制機関よりも現代ロシアにおけるそれの方が、高く評価されている。しかし考慮に入れねばならない幾つかの要因がある。ソヴィエト・ロシアとソヴィエト連邦全体の国民経済は、ペレストロイカ期の深く誤った経済政策のために崩壊した。思慮を欠いた再組織化、市場関係の導入に対する抵抗、拙速な意思決定、こうしたことが国家機構の活動を大きく損ない、「協働」関連法のような粗雑な法制定が政府機関に対する信頼の鮮明な失墜をもたらした。このような状況は明らかに否定的影響を随伴した。しかし、お

よそ25年の間隔を置いて比較してみても，政府機関に対する信頼の低さという点は変わっていない。この点はすぐには説明がつかない。しかし確かなことは，ロシアに新しいイメージを与えようといわゆる民主主義的改革やその他の試みがなされてきたにもかかわらず，多数の国民はゴルバチョフのペレストロイカの結果に対してだけでなく，ソヴィエト崩壊後のロシアの政府機関の活動に対しても否定的な評価を下している，という事実である。

3. 地域住民としての信頼

住み働き休む場，つまり日常生活を送る場における人間関係は，大きな，場合によっては決定的な意味を持っている。言いかえると，社会的空間は個人にとって重要な役割を演じており，それに対する評価は，基本的には，当該地域（その都市，その農村の）に社会生活の過程が円滑に行われる条件がどれだけ整っているか，また，住民の正常な生活を地域で機能させるために政府がどれだけの施策を行っているかという点から，読み取ることができる。この点でのデータはかなり論争の余地があるが，一定の確実性を持った比較分析が可能である。表5と表6における2時点のデータを比較すると，肯定的な変化が見てとれる。これは1980年代末と2010年代初頭の特殊具体的な諸状況から説明することができる。1980年代末期にはロシアは崩壊に向かって進んでいて，生活ニーズの充足が劇的に厳しさを増し（物品の不足，失業の増大，社会扶助の大幅な縮小，政府組織の解体，明確な発展戦略の欠如），それが人びとの政府に対する信頼拒否を招いた。他方2010年代初頭に人びとを悩ませ

た緊要な問題は，住宅や家財の保全，交通問題，年金制度といったことである。

この2時点間の比較で注目され逆説的にさえ見えるのは，福祉，環境保全，経済問題の調整，消費と交換などの分野での地域機関の活動を否定的に評価する意見が変化していないことである。市場関係への移行の諸結果に対する評価は，まさしくこうした地域レベルの機構と関係しているといえよう（表6参照）。

表6 「市場経済への移行はどんな結果をもたらしましたか」(回答者の%)

	1990年調査	2012年調査
人びとの豊かさが低下した	33	47.9
労働報酬が公正でなくなった	12	45.5
自然資源の略奪が増えた	13	54.5
インフレが昂進した	17	52.9
経済犯罪が増えた	18	56.4
富裕者だけが成功している	27	47.9

市場経済に向けた改革の社会的帰結に関して否定的な評価が強まったことを，このデータは示している。それは，公共的な医療保健や生活福祉の低下を示す，他の調査研究結果でも見られる社会分野の一般的評価と符合する。社会的公正が侵害されているという感覚が強まり，現行の変化で生活が侵害されている人達だけでなく，いい暮らしを送っている人たちも，そのような見方をしている。また，この不公正感は，人びとが直接的な関係を持ち，眼に見える具体的な事柄─労働報酬，生活格差，等々─で判断できるまさしくその生活分野で形成されている。これは人びとを居住地域で悩ませる逸脱行動の諸特徴を伴っている（表7参照）。

表7　「あなたが住む地域では次の問題にどの程度悩まされていますか」
(2012年調査：「非常にひどい」+「ややひどい」，1990年調査「非常に危険だ」)

	2012年調査	1990年調査
売春	44.9	35
投機	46.5	62
信用できない取引	70.3	55
贈収賄	77.8	61
盗難	68.8	56
詐欺	77.8	40

注：1990年調査での質問文は「あなたは以下にあげるどの問題が危険になっていると思いますか」。

　このデータによれば，投機以外のさまざまな法的ないし道徳的逸脱行動は1.5倍あるいは2倍近くも増えている（投機は競争行為に特徴的でありそれほど規則違反だとはいえない）。このような状況下では社会的信頼を語るのはほとんどできない。なぜなら，ここに列挙されているような（またそれ以外のも含めて）否定的な事象が起これば，地域内の人びとの相互関係に否定的な影響を与えるからである。社会生活の初期段階で信頼が崩れると，その結果として，その他の面での人びとと公的機関との間，そして人びと同士の間の相互関係に逸脱が生じてくる。

4.　労働生活における信頼

　職場に関する信頼は，環境との相互作用，つまり所与の条件下で行動を規定する諸要因の働きとの関連の中で形成される（表8参照）。

表8　「一生懸命働けば自分の給料は上がると思いますか」

	1990年調査	2012年調査
かなり上がる	6	17.4
少しは上がる	26	24.1
上がらない　/　わからない	68	58.5

このデータからは，就労者自身の個人的状態に関する評価に明らかな推移（その推移が決定的であるとはいえないにしても）があったことが見てとれる。企業の将来性や労働報酬の増大について肯定的な評価をする回答者が増えたのは，おそらく，彼らが独立自営や私有企業の就労者だったことによるものと思われる。肯定的評価をした回答者の数とその変化は，公有部門以外の場で働く従業員に関する数字のようだ。また，公有部門から他の部門へと移っても，重要な変化はもたらされなかったことは明らかで，回答者の5分の3，つまり約60％の回答者は自分の場所を見出すことができなかった。それゆえ，多くの人びとにとって，しっかり働けば収入が上がると約束されても，生産の場やその他の組織体の状況に対する信頼に実際には変化がなかったと見てよいだろう。

表9　「あなたは次の点が改善されたと思いますか，それとも悪化したと思いますか」

	改善した	悪化した	わからない
組織体	53.5 / 20	24.4 / 22	22.1 / 58
安全衛生	20.2 / 23	28.8 / 63	51.0 / 13
労働規律	23.4 / 36	23.3 / 40	53.3 / 16
労働報酬	33.9 / 25	19.6 / 50	46.5 / 25
社会心理的風土	29.6 / 15	28.6 / 19	41.8 / 66

注：左の数字は2012年調査から，右の数字は1990年調査から。「わからない」は1990年調査では「変わらない」。「社会心理的風土」は1990年調査では「精神的支援」。

　表9からは，組織体内部の諸事項を特徴づける主な指標に改善が見られたことがわかる。市民として，あるいは住民としてよりも，就労者としての状態が肯定的な方向に推移したといえる。この点は次の事実から説明できよう。すなわち，1990年には経済的土台の崩壊が深刻で，組織内の労働過程は不安定で

不確実だったが,2012年にはそれが多かれ少なかれ改善されてきた,という事実である。

このような結論づけは表10のデータが間接的に確証してくれる。この表のデータは勤労者の独立性と責任性が高まったことを証明している。これは,多くの調査回答者が事業主か個人企業や株式会社の従業員だということとかなり関係していると見られる。

表10 「あなたは自分が職場でリーダーだと感じていますか。ここでいうリーダーとは,設備や用具に配慮し,仕事を効率的にこなし,組織の業績に気を使う意志の持ち主を指します」

	そう感じる	多少感じる	感じない	無回答
直接の職場で	60.1 / 38	30.5 / −	9.2 / 62	0.2 / −
部や課のレベルで	41.9 / 16	36.7 / −	21.0 / 84	0.4 / −
全社レベルで	32.6 / 10	36.9 / −	30.1 / 90	0.4 / −

注:左の数字は2012年調査から,右の数字は1990年調査から。(-)印は1990年調査には回答選択肢がなかった。

5. 個人生活における信頼

社会現象としての信頼が最大限に展開するのはミクロレベル,すなわち労働生活や余暇生活などの日常生活で直接的な人間的接触が行われる小集団の場においてである。しかしそれを規定するのは他者に対する個人的な見方,あるいは自分の周囲にいて日常的に接している他者に対する個人的な好悪感だけではない。表11の2012年調査データが示すように,社会的要因もまた個人間レベルの関係に影響する。

Ⅶ　経済意識からみた信頼の動態

表11　「個人の社会的状態を特徴づけるものは何だと思いますか」

	2012年調査
資本・金銭の所有	52.8
権力の所有，権力への接近	35.1
社会的地位	34.6
個人の業績，能力	33.3
個人の特性（知性，魅力）	19.3
その他	3.1

　また，この調査時点において，公共機関に対する信頼がかなり低下し，その反面，直接的接触の個人間関係における信頼はかなり高まったことに，触れておかねばならない。表12に見る2012年調査結果は1990年末のそれと比べてきわめて対照的である。1990年調査データでは人びとは企業幹部に対してかなり信頼感を持ち，政党や労働組合に支援を期待していた。上級機関に対する信頼も低くなかった。ところが2012年調査時点では，信頼がただ個人間レベルに閉じ込められるという，いわゆる「囲い込み」が起こっている。これはまた，所有個人主義へという国家の方向付けによっても促された。それは肯定的な帰結と否定的な帰結とを随伴している。

表12　「もしたまたま困難な状況に陥ったとしたら，あなたは誰に助けを求めますか」（該当する項目をいくつでも選ぶ）

	2012年調査
家族	74.2
友人	49.1
同僚	21.1
勤務先の経営者	18.1
地域の行政機関	8.6
労働組合	8.2
政党	2.1
その他	1.6

注：多回答形式による。

6. 結論

経済意識と経済行動は経済的政治的システムに対する信頼の水準に有意に関係するが,全ロシア調査の時系列調査結果をみると,その経済意識には相反的な過程を見てとれる(表13参照)。

表13(1) 「市場経済への移行は次の経済指標をよい方向に変化させるでしょうか」

	はい	いいえ	わからない
誠実な労働が高く評価される	30.6 / 26	47.0	22.4
賃金水準の平準性が克服される	32.6 / 28	44.7	22.7
自然資源の活用が改善される	22.2 / 14	54.2	23.6
物品やサービスが入手しやすくなる	65.0 / 40	25.6	9.4
ルーブルが強まり,インフレが収まる	26.6 / 19	53.2	20.2
税率や価格が下がる	13.7 / 13	75.0	11.3
投機や窃盗が克服される	14.5 / 19	69.6	15.9
所得統制が改善される	24.7 / 9	52.6	22.7
国民福祉が向上する	29.4 / 19	48.0	22.6

表13(2) 「あるいは悪い方向に変化させるでしょうか」

	はい	いいえ	わからない
労働報酬の不公正が高まる	45.5 / 12	31.7	22.8
自然資源の略奪が増える	54.5 / 13	21.1	24.4
多くの物資が一般人に入手できなくなる	40.6 / 43	44.8	14.6
インフレが昂進する	52.9 / 17	23.1	24.0
税率や物価が高まる	78.1 / 52	12.1	9.8
大量失業が発生する	40.7 / 40	27.8	31.5
経済危機の頻度が増える	56.4 / 18	17.6	26.0
富裕者だけが得をする	54.3 / 27	20.4	25.3
国民福祉が低下する	47.9 / 53	27.7	24.4

注:左の数字は2012年調査から,右の数字は1990年調査から。1990年調査では「はい」という選択肢のみ。1990年調査での質問文は「あなたは市場関係の発展から何を予期しますか」。

Ⅶ 経済意識からみた信頼の動態

　人びとの信頼感に相反的直観の過程が影響していることが，このデータから読みとれる。一方では，経済発展を示す諸指標に関して信頼が高まっている。しかし他方では，それらの諸指標の生活への影響については評価が下がっている。また，失業，福祉など生活の主要指標では，この4半世紀，評価が事実上変わっていないということも注目に値する。

　最後に，人びとが国政をどう見ているかを要約的に示すデータをあげておこう。これはロシア社会における政治的信頼の全体像の核心を示している（表14参照）。まさしくこのデータに表われている評価が，信頼形成の過程の歪みを表現している。つまり，国民は現在の国政が大多数の国民の状態を反映しておらず，国政を方向づけているのは国家官僚と富裕層の利益だけだと信じている（表14参照）。

表14　「ロシア国家は誰の利益を表現し擁護していると思いますか」

	貧困層	中産階級	富裕層	全国民	国家官僚	わからない
2000年	1	8	46	9	44	9
2005年	1	8	54	8	52	15
2007年	2	10	52	8	51	14
2011年	2	11	49	12	42	14

　以上の分析結果から結論を導くならば，ロシアにおける社会的信頼の諸問題は経済政策・国家政策をかなり矯正すべき必要性を提起しているという点に集約される。

Ⅷ 腐敗と信頼
ロシアと脱共産主義諸国の事例

リュドミラ・シモノヴァ
ドミトリー・ルデンコ

1. 問題の背景と研究の課題

　ここしばらくの間，腐敗は研究者や実業家の間で研究対象としてよく取り上げられてきたテーマである。しかしその研究の焦点は主として公共性に関わる問題に置かれていて，腐敗の問題を対人的信頼や公的制度に対する信頼など，社会的信頼と関わらせて解明するような試みはきわめて少なく，先進諸国や移行経済諸国（脱共産主義諸国）におけるそれの重層的動態の特殊性を見極める試みも稀であった。

　ここ十数年，腐敗に対する闘いは，ロシアを含む移行経済諸国のすべてにとってもっとも緊要な課題であった。腐敗が蔓延する土壌は，制度化の未発達と統治の不透明性という点にある(Iwasaki and Suzuki 2010)。そのような特徴を持った国ぐにでは，私的利益と公的利益の分化が十分な水準に達しておらず，そのため腐敗が発生しやすい。腐敗は社会における資産配分の過程で，有力なビジネス界や政界の閥集団の特権を水面下で保証し，それによって社会の経済的政治的発展の方向性を歪めてしまう。西欧諸国では腐敗対策に特化した専門機関は僅かしかないのに，脱共産主義諸国ではかなりの数にのぼる。その数の多

さはその機関の活動の実効性の乏しさに比例するとすれば,移行経済諸国の腐敗水準は世界で最高水準の一部をなしているといえる。

われわれは腐敗関連の研究にあたって,まず,2つの信頼類型に焦点を当てる。ひとつは対人関係における信頼(対人的信頼)であり,これは行為者の社会的相互作用の場における信頼関係を意味する。もうひとつは制度的機関に対する信頼(対機関信頼)で,これは行為者が法的根拠に立つ諸機関に対して抱く信頼を意味する。これら2つの信頼類型の区分はたんに意味の違いからではなく,人びとの政治的諸制度に対する関係は基本的に彼らの対人的信頼の特性によって規定されるという,研究課題に沿って設定されている。

ここでわれわれが挙げる研究課題はつぎの点にある。
1. 移行経済諸国における腐敗指標と社会的信頼指標の動態,および両者の相互依存効果を分析すること。
2. ヨーロッパ諸国との比較を通してロシアにおけるこれらの指標とその動態の特殊性を解明すること。

2. 信頼と汚職に関する西欧先進諸国と脱共産主義諸国の比較

われわれの研究対象は旧ソ連傘下の諸国である。分析で用いるデータは世界価値観調査(World Values Survey),世界経済フォーラム(World Economic Forum),トランスペアレンシー・インターナショナル(Transparency International)から得た。従属変数は対人的信頼と対機関信頼に関する意識の度合いである。目的は脱共産主義諸国における腐敗認知と信頼感の関係の特殊性を調べることにある。腐敗の測定に用いるのは,トランスペア

レンシー・インターナショナルが毎年算出し発表している腐敗認知指数（Corruption Perceptions Index –CPI）と，世界経済フォーラムが公表している腐敗指数である。

アバディーン大学の世界価値観調査（2015年）によると，対人的信頼の水準に関して脱共産主義諸国の間に大きな開きがある（図1）。たとえば「たいていの人は信頼できる」と回答した者の比率はルーマニアやジョージアではそれぞれ7.7%と8.8%であるが，エストニアでは39%にのぼる。全体としてロシアは移行経済諸国の中で中位に位置する（27.6%）。OECD諸国では約60%の回答者が高水準の対人的信頼を表明しているのに対して，脱共産主義諸国でのそれは低水準にある。

図1　脱共産主義諸国における対人的信頼の水準（2010年−2014年）(%)

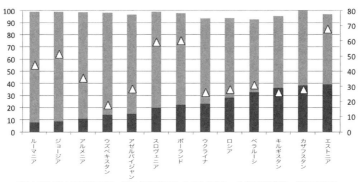

■たいていの人は信頼できる　■用心するにこしたことはない　△腐敗認知指数, 2012-2015

対機関信頼は一般に，さまざまな機関名を挙げてそれらに対する個人の意見を聴くという方法で測定される。本稿で採用するのは世界経済フォーラムの調査で取り上げられた2つの指標である（図2）。世界経済フォーラムはその経営者意見調査で，

「あなたの国では政治家の倫理水準はどの程度だと思いますか」という政治家に対する公衆の信頼に関する質問と,「あなたの国では法と秩序を守る上で警察はどの程度頼りになると思いますか」という警察の職務遂行への信頼に関する質問を行っている。この2つの設問は人びとの認知を問うものであり,回答は「きわめて低い」(1点) から「きわめて高い」(7点) までの7段階で求められている。

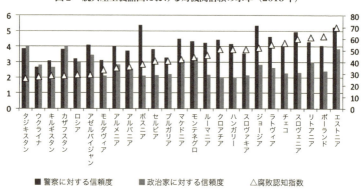

図2　脱共産主義諸国における対機関信頼の水準 (2015年)

■警察に対する信頼度　■政治家に対する信頼度　△腐敗認知指数

トランスペアレンシー・インターナショナルが毎年算出し公表している腐敗認知指数 (数値が小さいほど腐敗度が大) によれば,2015年にはロシアは174か国中136位で,ウクライナ,タジキスタン,カザフスタン,キルギスタンなど旧ソ連傘下の国ぐにとともに指数値29点となっている。腐敗度がもっとも低いのはEU諸国で,その中でもとりわけ低いのはエストニアである。しかし対人的信頼の度合いから見ると,腐敗度が小さい国ぐにがロシアやポーランドやスロヴェニアよりも有意に高いわけではない。

図3　EU諸国と非EU脱共産主義諸国における対人的信頼水準と腐敗水準（2010年－2014年）

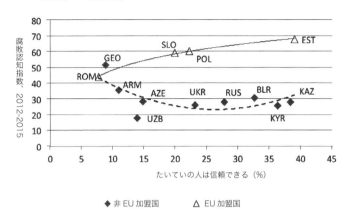

図4　EU諸国と脱共産主義諸国における対機関信頼水準と腐敗水準（2006年－2015年）

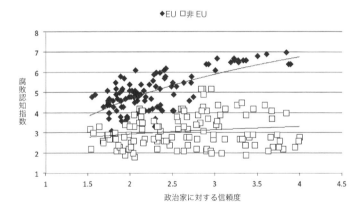

しかし図3と図4を見ると，EU諸国の社会における信頼と腐敗の関係は明瞭に見てとれる。対人的信頼の高さはほぼ直線

的に腐敗の低さと相関しており、腐敗の度合いが高い社会は信頼の水準が低いのである。ところがEU以外の国ぐにはこの関係は不明瞭であり、図3が示すように対人的信頼の水準は国によってかなり大きく異なっていても（10%から40%）、腐敗指数の中央値はどの国もほぼ30で共通しており、両者間にほとんど相関が見られない。そこでは明らかに、信頼と腐敗の相互依存関係はかなり複雑で、他の社会的諸変数の影響が両者間に介在しているとみられる。

ここで西欧諸国と非西欧諸国（ロシアを例として）との関係で上記の観察結果を検討してみよう。西欧諸国は高水準の法制を備えており、そこには公吏による恣意的な解釈を防止し腐敗行為の可能性を封じる、明白で透明性の高い公式化された規則と手続きのシステムがある。諸規則は公吏にも市民にも明瞭で透明であり、遵守されている。その結果、一方では腐敗水準が低く、他方では社会的信頼の水準が高い。

さらにまた、腐敗に対する闘いへの取組みの度合いにも、2つの国家群の間に違いがある。OECD諸国では反腐敗活動が実際に実施されており、腐敗に関与した公吏はその地位の如何にかかわりなく厳格に罰せられ、それゆえに政府に対する信頼度も高い。一方、移行経済諸国ではそのような措置はただ公言されるだけである。そのため有力者の腐敗関係への関与が広く行われ、法の適用が属人的になされ、腐敗を別な案件に移し替えて無罪放免となり、腐敗行動が是認されることになる。英国石油の元社長ジョン・ブラウンはロシアのビジネス慣行を分析して、正しく次のように述べている。「問題は法律が欠如しているかどうかではなく、法律をどう取捨選択して利用するかにある。ここから恣意性の感覚が生まれてくる。官僚主義的な法

手続きがロシアの主要な特徴だとはいえ，案件が無視されるか法律が十全に適用されるかを予測することは不可能である」(Ledeneva & Shekshnya 2011)。反腐敗闘争で効果のある効率的で試験済みの手段を適用できないとしたら，刑事免責と腐敗の促進を許すだけである。ロシア憲法法廷の元首席判事ヴァレリー・ゾルキンによれば，腐敗と闘う有効な方法の可能性は明らかに活用されずにある。その方法とは，上級公吏の免責を取りやめ，「資産記録」を問題にするだけでなく汚職で得た資産を没収するといった，特別な実戦的取締りの枠組を打ち立てることである。その結果として，国家に対する信頼の危機，権力を体現する公吏に対する不信，現存の制度的諸機関の切り崩し，そして腐敗の再生産を断ち切ることとなる。

　西欧諸国と比べて非西欧諸国における腐敗現象の主要な差異点は，市民社会と政府との間の信頼関係の危機と結びついた基本的土台そのものにある。そしてそれは腐敗のイデオロギー的基盤の役割を演じて，恒久的基盤の上で統治機構の腐敗システムを自己再生産させている。それは次のような顕れ方をしている。第1に，市民は政府機構を，社会的安寧を保障する公共財提供の必要な要素として認知せず，既得権威によって自らの利得を最大化させることに専念する，自分達とはかけ離れた外在的な官僚機構だとみなしている。第2に，国家と市民の間の信頼の欠如は，政府のさまざまな執行分野で腐敗の再生産をもたらしている。この意味するところは，なによりもまず市民が公的機関に信頼を置かず，没人格的な社会諸機関と規則や規制に対して不信を抱いており，公的に定められた基準にそった公吏の行動と執行を当てにできず，したがって自分自身も腐敗行為に頼らざるを得ない，ということである。

さらに西欧のシステムは反腐敗の高度な制度的統制を備えており，それによって腐敗取引の暴露の可能性を有意に高めるとともに，整合性，実効性，凝集性，論理的一貫性を備えた規則と手続きの公式基準に直接依拠している。腐敗に対する実効性ある制度的統制は，また，社会における社会的信頼をも増進させる。これに対してロシアを含む移行経済諸国では，信頼と腐敗の関係はかなり複雑であって，直線的な相関関係がみられない。

　つまり統治の近代的国際基準に基づくグローバルな腐敗概念は，制度的なビジネス行為規制システムの完璧性と成熟性を内包しており，そこでは合理的法秩序と制度化された諸規則が規範としての地位を与えられ，腐敗はこの規範からの逸脱と見なされる。ところがロシアを含む非西欧諸国では，そのような「合理的法秩序」は現在まだ発展途上の段階にあり，管理と意思決定の基本は規則による制度化がまだ進んでおらず，非公式的な対人本位の関係を変えたり正したりするほどには至っていない。この点に関してレデネヴァとシェクシュニャの指摘は当を得ている。彼女らによれば，ロシアにおける非公式行為は公式的手続きの欠陥を指し示す指標と見なされるべきであり，地域的特殊性を理解する鍵として考えられるべきであって，直ちに腐敗とみなすよりも，それと腐敗との関係を解明するために用いられるべきである，という (Ledeneva and Shekshnya 2011)。

　以上の理由から，ロシアにおける腐敗のメカニズムは信頼関係（対機関の信頼と対人的信頼の両者を含めて）の文脈で解明されるべきである。なぜならそれは公的制度の欠陥と不足を補完する要素だからである。実際，ロシアで一般的な非公式行為は信頼，相互責任，その他の非公式的規範に基づいており，またそ

の一方で，正規の規制を曲げたり違反したりして個人的利得のために公的地位を利用する人びとによる，信頼の悪用も生まれてくる。この見地と論理から，われわれはレベネヴァとシェクシュニャの次のような見解に同意したい。すなわち，対人的信頼が公的諸制度の機能の欠陥を補完しているような社会では，「腐敗」という言葉を先進社会におけるのと同じ意味合いで用いるのは正しくないだろう。腐敗率や腐敗認知指数の計算に研究の焦点を置く伝統的な「上位－下位」順位づけ方式も，ロシアにおける腐敗の研究には不適切だと考えるべきである。なぜなら分析の焦点は，腐敗行為を大規模システムとの関係の中での適応策の特殊具体的な行為として理解する方へと，移し替えられるべきだからである。

　ロシアでしばしば起こる腐敗は制度的機関の腐敗という形態をとっており，特定個人の好みや願望からではなく，その時の社会環境とその場の社会機関によって引き起こされる。それは日常的に普通の出来事であって，大衆的規模で常習的，自動的な行為として営まれていて，腐敗とはみなされていない。そのため腐敗行為はきわめて扱いにくく，腐敗関係を生みだし反復させる社会機関を特定し除去することは，かなりむずかしい。たとえば，ロシアでいわゆる巨大プロジェクトが実施される際，その基底で作動するのはたいてい非公式的な規範と規則であり，それゆえどんな結果が出るかは政府やビジネスにとって予測が不可能である。実際のビジネス活動における腐敗の一般的な形態もやはり友人関係や信頼事象を反映し，対人関係から派生している。友人関係や家族の繋がりで仕入れ先を選んだり，従業員を採用したりするという，贔屓（ひいき）主義や縁故主義がそこにある。しかもこうしたことをトップ経営者は腐

敗だと認識しておらず，取引先や従業員に対して秘密情報をもとに圧力をかけたり脅しをかけたりすることも，腐敗だとは考えていない。

　西欧諸国で信頼水準が高いのは，相手の行為者が確実にその社会的役割を履行するという，確信があるからである。人びとが未知の公吏を信頼するのは，その公吏が個人的にどんな人物かではなく，彼の公式の責務が何であり，それを遂行するための有効な規則が備わっているかどうかによる。先進的な安定した社会では，個々人の公吏に対する信頼が高いのは，個々人が公吏の行動とその結果における確実さと明晰さを信じているからである。

　ロシアにおける信頼度指数は平均水準にあるが，その中身は均質的ではない。対人的信頼の水準は，なによりもまず親族の内部的な関係圏が最上位である。ロシアでは，政府，ビジネス，社会組織など，非人格的な社会機関に対する信頼度はきわめて低い。公吏に対してどの程度の信頼を置くかは，彼の地位と権限がどうかというよりも，彼がどんな人物かということによる。したがって信頼関係を持つためには，まず彼との個人的人間的関係を築くことから始めなければならない。懸案を解決するうえで，公吏はとくに賄賂を期待する。それを断れば事はなかなか解決せず，当事者は他者との競争でしばしば損害を被ることになりかねない。結局，腐敗行為に関わることに応じ，それを心理的に合理化し道徳的に正当化することにならざるを得ない。ロシアの既成の法律に従っていたのでは問題は解決できないため，腐敗はひとつの習慣となる。競争相手が腐敗行為をするのであれば，当方も同じことをせざるを得なくなる。どの企業も権威筋と繋がっているという傾向は，隠しようのない

秘密である。なぜならロシアの現実の中で排他的な利権を手にすれば，強力な競争力を得ることになるからである。ロシア企業がビジネスの実績を成功裏に築くためのもっとも効果的な賄賂作戦は，政府機関と一緒に腐敗行動を組み，政府吏員の手を借りて（またはその助力により）賃料目的でビジネスを手に入れることである。

ロシア企業の間で現行法制と反腐敗基準の適合評価活動がどのくらい遵守されているかを測るプロジェクトの実施結果は，彼らが反腐敗の取組みにいかに無関心で，さらには腐敗行動を容易にするために法律違反をいかに許容しているかを示している (Primakov 2014)。彼らは企業倫理の準則を備えておらず，腐敗反対の方針も表明していない。その反対に，企業と権威筋との関係が慈善プログラムという形で偽装されていることが稀ではなく，企業の監査役会や取締役会のメンバーの多くが議会のメンバーであって，そのため不可避的に利害融合が生ずる。その一方で，制度的状況はそれ自体，企業に賄賂行動を迫る。ロシアでは，ビジネスの透明性と公正な行動を保証すべき強固な諸規則を設ける代わりに，また，それらの規則を無条件に遵守させる代わりに，火災予防や健康管理の違反に対する処罰を繰り返すことのほうが優先されている。ここに，反腐敗を中和する企業の制度的慣性が把握できる (Primakov 2014)。

OECD (2014) で指摘されているように，結合力のある社会では市民は国レベルの制度的諸機関を確信し，社会機関も経済機関も腐敗にまみれないと信じている。確信と腐敗は社会全体の信頼と強く関係している次元の問題である。

機関に対する信頼の水準が低下すると，市民はすべてのレベル（国家，市町村，私企業，非営利組織など）の統治から距離を置

くようになり，腐敗行動とそれへの適応策を講じ，現行の規則や規範の公式システムに影響するような法規制の入れ替えをやってのける。そのうえ「疎外」の空気が広がり人びとの権力との距離が曖昧となり，腐敗に対する下から上への有効な公共的統制が欠けてきて，市民は腐敗を見聞きしてもそれを国家の権威筋に報告しようとしなくなる。さらにまた，人びとは公吏なら誰でも賄賂を受け取るものと信じ，腐敗を規範とみなし，あらゆるレベルで問題を賄賂で解決しようとし，そして腐敗行動が煽られることになる。その結果，社会と国家の関係におけるもっとも重要なバランスの原則が崩され，腐敗関係に好ましい条件が生まれ再生産されている。

3. 結論

第1に，西欧の経験は対人的信頼が公共的諸制度（これは移行経済諸国では問題なのだが）の形成と確立に有意に寄与していることを証拠立てている。対人的信頼の水準が高い結果として社会的行為の確実性が高いと，それだけ公的領域および私的領域での規範と規則が適切に作動する可能性が高くなり，その規範と規則が時とともに社会の中での相互行為を規制する社会制度になっていく。

第2に，信頼と腐敗との間には直線的な関連はなく，したがって信頼の有無で腐敗の発生を全面的に説明することはできない。しかし，対人的信頼と対機関信頼の水準が低く，どんな行為が採られるかが不確実で予測困難である場合には，腐敗に歯止めがかからないばかりか，腐敗行為が発達し蔓延する。

第3に，移行社会における対人的信頼の特徴は，不安定な制

度的環境下で身近な関係圏(親族や友人の繋がり)と疎遠な関係圏(非人格的な公吏と機関)とが分化し,後者にいくほど信頼水準が低くなるという点にあり,公式に決められた規則に沿って公吏が適切に権威を行使するかどうかが社会的に不確かであるため,非公式の腐敗行為による穴埋めがなされることになる。

最後に,移行社会では対人的信頼の低さから腐敗が当然視され,それに逆らうことはできない。ロシアでは市民があらゆる分野,あらゆるレベルで統治から疎遠な存在になっているため,人びとは腐敗による適応策を図ることになる。これはロシアなど移行経済下にある大多数の非西欧諸国に特徴的な点であり,そこではたいていの西欧諸国でごく普通になされているような,公的な規則と規範を強化して建設的な方策をとるということはない。その結果,ロシアにおける腐敗はたえずその形を変えながら,「あらゆる生活分野で国家統治が膨張するなかで,それは不断に増大している」(Rimskiy 2012)。

文献

Anderson, C. J. & Y. V. Tverdova, 2003, "Corruption, political allegiances, and attitudes toward government in contemporary democracies", *American Journal of Political Science,* 47(1), 91-109

Barsukova, S., 2008, "Corruption: scientific debates and the Russian reality", *Social sciences and present times,* 5, pp. 36-47.

Chang, E. C. & Y. Chu, 2006. "Corruption and trust: Exceptionalism in Asian democracies?". *Journal of Politics*, 68, pp. 259-271.

Della Porta, D., 2000, "Social capital, beliefs in government and political corruption", In: S.J. Pharr & R.D. Putnam (eds.), *Disaffected democracies: What's troubling the trilateral countries?* (pp. 202-230). Princeton, NJ: Princeton University Press

Hetherington, M., 1998, "The political relevance of political trust", *American Political Science Review,* 92(4), pp. 791-808.

Inglehart, R. & C. Welzel, 2005, *Modernization, cultural change and democracy,* New

York: Cambridge University Press.

Iwasaki, I. & T. Suzuki, 2010, "The Determinants of Corruption in Transition Economies", *Discussion Paper Series A,* No.533. Tokyo: Institute of Economic Research.

Klesner, J. L., 2007, "Social capital and political participation in Latin America", *Latin American Research Review,* 42(2), pp. 1-32.

Ledeneva, A. and S. Shekshnya, 2011, *Business in Russia: informal practices and anti-corruption strategies.* Moscow: Russie.Nei.Visions.

Primakov, D., 2014, "Why Russian companies are ready to break the law", *Vedomosti,* 01.04.2014.

Putnam, R. D., 1993, *Making democracy work: Civic traditions in modern Italy,* Princeton, NJ: Princeton University Press.

Rimskiy, V. L., 2012, *Corruption and interpersonal trust in modern Russia.* [online] Available at: <https: //www.hse.ru/data/2011/02/10/.../Cor_trust_RF_Rim.doc> [Accessed 1 February 2016].

University of Aberdeen, 2015, *World Values Survey Wave 6: 2010-2014.* [online] Available at: <http: //www.worldvaluessurvey.org/WVSOnline.jsp> [Accessed 1 February 2016].

Uslaner, E. M., 2001, The moral foundation of trust, New York: Cambridge University Press.

World Economic Forum, 2015, The Global Competitiveness Report 2015-2016. [online] Available at: < http: //reports.weforum.org/global-competitiveness-report-2015-2016/> [Accessed 1 February 2016].

IX ロシアのビジネス慣行
腐敗と信頼の諸問題

リュドミラ・シモノヴァ

1. 一般的考察

(1) 腐敗研究の方法論

　腐敗は社会的・文化的に規定された非常に複合的な現象である。それはすぐれて一国の歴史・伝統・慣習から派生する，社会的・文化的に規定された複合的現象であり，多様な形態をとって表れる。たとえば，公的な地位にある人物あるいは社会的地位が高い人物に特別な日（祝日とか誕生日とか）の贈物をすることは，ある国では当然の行為とみなされるだろうが，別な国では裁判沙汰になろう。日本を例に挙げれば，上位者に対する贈答も含めて，永続的・相互的関係のもとで贈物をすることは，非常に重要なこととされている。しかも日本で最も典型的な贈物は金銭であり，それが贈与の日本的様式としてふつうに行われている。研究によれば (Maruyama 1992)，日本の企業経営者は年間約2300米ドルを贈与に使っており，その贈与は儀礼の種類によって約43のタイプがある (Roger et al. eds., 2006: 107-108)。その基礎にあるのは「義理」という社会的義務感であって，それは日本社会では，汚職動機はおろか個人的な感情や利害をも超えた意義を持っている。「義理」は社会的相互行為において遵守されるべき社会規範であり，道徳的な関与と義務を

意味する。欧米諸国では贈与はたいてい個人的な行為と考えられていて，互恵主義を指向するものではないが，日本では贈物の遣り取りは集団文化の根本的要素であり，付き合いを継続し社会関係のバランスを維持していくうえで必須なのである。しかも日本の「あげる‐いただく」モデルは人間と神との関係にも該当し，そしてその「バランス関係」モデルは贈与慣行のなかにも映し出される。

　だがこの慣行には次の疑問が付きまとう。政府絡みの「汚職」や「賄賂」と一般の贈答慣行とは，どの程度関連しあい相互規定関係にあるのか。現存の法律や法的諸規則が実際に正当視されているかどうか，また腐敗が社会にどれだけはびこり，それが社会でどれだけ容認されているかを規定しているのは，その社会の支配的な社会規範とイデオロギー的方向付けである。この点は特にロシアのような国に関して当てはまる。

(2) 腐敗研究のロシア的視角

　一般に汚職を「個人的利得のために公職を濫用すること」と定義するとしても，具体的に公的領域と私的領域，公的利益と私的利益を峻別する必要がある。ロシアでは新経済体制への移行過程が不徹底で私的所有部門が弱体であるため，この峻別がまだきちんとなされていない。

　近代的国際統治基準に基礎を置くグローバルな腐敗概念は，無条件な完璧さと成熟さを備えたビジネス規則の制度的体系から規定される。つまり，合理的法秩序と制度化された諸規則が規範的地位を与えられ，汚職がその制度からの逸脱だとみなされていなければならない。しかしロシアでは，そのような「合理的法秩序」はまだ発展途上であり，経営と意思決定の基礎は

あまり規則的に制度化されておらず，むしろインフォーマルな行動や個人間の人間関係によって歪曲されたり修正されたりしている。この点に関連して付言すると，ロシアにおけるインフォーマルな行動はフォーマルな課題処理過程の欠陥を示す指標とみなされるべきであり，そしてロシアの特殊性を理解する鍵と考えられるべきであって，それを直ちに腐敗と同一視するよりもむしろ，腐敗との関連性を研究する手掛かりとすべきだという指摘 (Ledeneva & Shekshnya 2011: 9-10) は，当を得ている。

　そうだとすれば，ロシアにおける腐敗のメカニズムは制度的および人間間的信頼関係との絡みで研究される必要がある。なぜならそれは公的諸制度の欠陥や不完全さを補完する基本要素だからである。汚職行為が実行される具体的メカニズムも，非常に重要である。汚職過程における行為者間の相互作用は，直接的にせよ間接的にせよ，仲介者ないしエージェントを介して行われる。そのようなエージェントがいるかいないかは，汚職過程に関与する行為者の特徴による。たとえば，通常，連邦政府レベルでは汚職過程にエージェントが関与するが，小企業と税務署といったレベルではエージェントはいない。しかしどんな場合でも，汚職過程における相互行為の基幹をなすのは，直接関係者の間の信頼関係，あるいは関係者とエージェントとの信頼関係の構築である。

　実際，ロシアでよくみられるインフォーマルな行動は，信頼や相互責任やその他のインフォーマルな規範に基礎を置いており，あるいはまた，個人が自分の利得のために公的地位を利用したり，公的関係を変えたり破ったりして信頼を濫用することから生ずる。このような観点から，われわれは，個人的信頼が公的制度の機能の欠陥を補償しているような社会では，「腐敗」

という言葉を先進諸国で使われているのと同じ意味合いで用いるのは不適切だという,別な研究者たちの立場を参照したい (Ledeneva & Shekshnya 2011: 8)。

　腐敗認知指数で腐敗度を測定し,それが高いか低いかに焦点をおく伝統的な研究方法も,ロシアにおける腐敗現象を研究するには不適切であろう。ロシアの場合の汚職に対する分析の焦点は,それをより大きな規模のシステムに対する特殊な適応行動として理解することに置かれるべきだろう。

2. ロシアにおける腐敗過程の特殊性

　今日,ロシアでは,資源依存型からイノベーション依存型への経済移行の必要性が絶対視されており,同時にあらゆる分野での腐敗撲滅闘争が広く宣言されている。しかし理論的にも政策的にも,この経済移行と腐敗撲滅の問題は関連付けられていない。だが実際には,これらは基本的に関連しあい依存しあっている。しかも,ロシアでイノベーション型経済発展への移行を阻害しているのは,汚職関係の強固な再生産システムなのである。これにはいくつかの理由がある。第1に,原料依存型経済では国家歳入の源は,市民のビジネス行為と国家機関の効果的運営よりも,むしろ商品市場の独自の動向や世界経済の外部的趨勢に依存する。これは政府と市民とが相反的関係にあることの基本的原因であり,その相反的関係のもとで,政府は一般市民の利害に適った意思決定に関心を示さず,そして政府は市民にとってよそよそしい存在となり,市民はその意思決定において政府に働きかけようとはしないのである。このような状況下ではイノベーション志向の行動は挫けてしまうだけでなく,

そもそも非論理的，非合理的なのである。

　予算指標に合うように年度末に帳尻合わせをするような仕事の仕方が当然とされている条件下では，イノベーションに対するモチベーションもその必要視も最低レベルに低下する。それゆえ，事実，研究開発費に関して，いわゆる「第１リスト」や青色チップリストに名を連ねるロシアの22の国有企業（たとえばガスプロム社やロスネフト社のような）のどれひとつとして，世界平均の水準に達している企業はない。たとえば，燃料１トンに対する研究開発投資の比率を示す係数は，シェルでは5.67，エクソン・モビルでは3.2であるのに対して，ガスプロムでは0.29，ロスネフトでは0.06である。また，2010年におけるロシアでの研究開発費を見ると，その69％は国家予算で賄われていて，企業自身の手持金から出ているのではない（Innovators and a cut）。

　ロシアにおいて投資風土を改善しイノベーションを発展させるための基本的要因は，公正な競争と汚職の撲滅に向けた条件を築くことにある。その条件が整えば，イノベーションの発展は自然と進み，新製品も新技術も市場に出せない企業は衰退していくことになろう。しかし現在のところ，ロシア企業の経営者にとっては，高コストと高リスクのイノベーション技術を取り入れて使いこなすよりも，年次予算を工程の維持修理のために多数の下請業者に分け与えて彼らから賄賂をもらうという慣行に則ったほうが，はるかに得なのである。事実，ロシアの大多数の工業企業や事業所の経営者は，大部分の利益を修理工事の契約から得ているのである。

　しかも，イノベーションを実施するにはかなりの投資が必要である。政府と社会との間に信頼が欠けている場合，投資資源

の所有者は,国家資源の売却から得られた彼らの資本を,迅速かつ無難に動かすことだけに利益づけられることになる。そのためロシアの寡占企業の中の最も革新的で発展した部分でさえ,研究開発の発展度の点でも「試行」と調査の効果度の点でも,先進的な世界企業のはるか後方にある。しかしロシアの大多数の大企業は,欧米の技術と装備を購入し,それをロシアの粗っぽい現実に適用し採用することを,近代化と考えている。ロシアの最大企業22社は2010年にロシアで1,000以上の特許権を取得した。同じ年にIBMだけで取った新技術と新製品の特許は,国際特許だけだと5つであるが,合計では5,000以上にのぼる。ロシアにおける研究開発投資有効指数はイノベーション活動の水準を示す数値と同じく,低い水準にある。研究開発費総額の22%をロシア政府が提供したが,国有企業で取得した特許件数はわずか4%でしかなかった(Innovators and a cut)。つまりロシア経済の「政府企業」部門におけるイノベーション実績はきわめて小さく,その効果は支出した費用の5分の1にも達していない。大企業における研究開発投資のこのような非効率性の主な理由のひとつが,汚職にある。

とくに中小企業では,イノベーション活動の可能性が非常に限られている。ロシアのようなところでは政府が腐敗にまみれ,イノベーション開発に必要な認可や許可を取るには,その費用の大部分を賄賂に使わねばならないために,膨大な金が必要となる。そのうえ中小企業は金融機関からの貸し付けを得る機会がかなり限定されていて,しかもイノベーションには高いリスクがつきまとう。さらにまた,イノベーションの内容が曖昧で,またシステムが腐敗しているため所有権の保護が非常に低水準であるため,ロシアにおける投資プロジェクトは実効性

を欠き，短期指向になってしまう。これらの要因が企業家のイノベーション活動の意欲を削ぎ，プロジェクトやビジネス全般に対して賃借料追求の態度を促している (Corruption's influence on the economic growth: 8)。こうして腐敗はビジネスによる投資活動とイノベーション活動に否定的な影響を与え，賃借料追求の行動を促し，かなりの社会的損失をもたらす。

3. 企業対政府および企業内部の腐敗関係

　腐敗にはいろいろなタイプがあるが，その中で特にひとつのタイプに焦点を置いて検討していきたい。それはこれまでほとんど研究されてこなかったが，今日ロシアでも国際的にも最重要な研究課題であり実践的関心でもある，企業汚職である。

　諸外国と比較してロシアでは，政府と企業の間の腐敗関係は持続的である。他国ではそれはあまり明瞭には表れず，頻度も低い。

　日本には，企業と官僚機構の間に「天下り」と呼ばれる保護慣行の密約協定があり，政府の役人が退職後に私企業の重要ポストに就任することが当然視されている。彼らは信頼できる政府情報を提供し，一定の仕事に許認可を与え，有利な契約条件を容易くし，政府の補助金を引き出す助けをする。たとえば，大規模建設開発企業24社における天下りの関係を調査した大前の研究（1994）によれば，天下りが最高ポストの約4分の1を占めている企業は，まさに同じ比率の受注を政府から得ており，これは共謀と非合法行為の存在を指し示すものである (Roger et.al 2006: 25)。建設事業契約を得るための値付けを業者間の合意であらかじめ決めてしまう談合入札，公正取引委員

会の元高官を取り込んだ腐敗行為,これらの例のすべては腐敗行為に対する厳格な法的統制を打ち立てることの必要を証拠立てる。この慣行はロシアでも同様であり,そしてそれは上述の系列のみに限られない。しかし,企業と政府との間にそのような汚職盟約が存在し,両者の繋がりが強固であることだけが問題なのではなく,もっと大きな危機的問題は社会との関係にある。汚職の繋がりのこの膨大なネットワークは,その不法行為による利得を関係者にもたらすからだけでなく,汚職そのものを肥大化させる働きがあるからである。この要因がロシアに特有な汚職モデルを作り上げている。レヴィンとサタロフによれば,ロシアは「汚職が道徳的・法律的規則からの偶発的な逸脱から,責任ある権威構造と市民・政府間の標準的関係へと変容している,特殊な汚職大国」(Levin & Satarov 2012: 25) である。

ロシアにおける企業汚職は国民経済のもっとも重大な,そしてもっとも急速に伸びている部門であり,そこからの利益の規模は石油ガス部門のそれを上回っている。それゆえ,経済大学研究所教授レヴィンや INDEM 基金総裁サタロフのような名声高い専門家は,汚職を「ロシア経済の主要部門」と呼んでいる (Levin & Satarov 2012: 21)。

公共部門と異なり,企業に絡んだ腐敗は2つの範疇に分かれる。ひとつは企業と政府の関係に絡んだ汚職であり,もうひとつは企業内部の汚職で,後者は企業の内部的非効率を指し示す。この第2のタイプの腐敗に関する正確で妥当な統計データは,ロシアにはない。私企業内部の汚職を生む原因は,所有と経営の混乱と葛藤,企業の透明性の欠如と内部機密,政府の規則に沿った旧式の会計報告やその他の業務報告,企業内・政府内の反対意見の採用の回避と不法手段による強引な取引策略な

どである。

　政府との関係で生ずる企業汚職は2つの部分に分けることができる。ひとつはビジネスの便益提供に対する政府役人への進貢である。他のひとつは競争手段としての汚職である。どちらの汚職も，ビジネスの灰色経済への部分的浸透と結びついているが，前者の汚職は他社を抑えつけてその事業に否定的な影響を与えようと意図するものであるのに対して，後者の汚職は競争で優位な立場に立ち，企業活動の効果を高めようとするものである (Satarov & Golovschinskiy 2004)。ロシア企業にとってもっとも効率的で効果がある汚職戦略は，政府の権威筋と裏でつながって，政府が営む企業を賃借料目的で取得することである。

　2011年に発表された研究 (Ledeneva & Shekshnya 2011) とロシア国内各地で操業するロシア企業および外国企業の110社を対象とした調査によれば，今日使われている最も一般的な汚職の枠組は，税関手続き，防火監査，法律強制執行など，国家監督機関による企業からの金品強要に基礎づけられている。この慣行はシステム化されてきており，しばしば企業の側から自発的になされている。

　企業内部の汚職は基本的には企業の資源を個人的利得のために使うことに絡んでおり，それは増加傾向にある。企業の資金を高級車の購入や私的な旅行に使うとか，納入業者や顧客から手数料や高価な贈答品を受けとるとかが，それである。実際のビジネス活動では，腐敗の一般的な形態は，信頼を土台とした友人関係やその他の人間関係にも基づいている。納入業者を選ぶ際に友人や家族の情実で決めるとか，従業員を友人・家族の縁故で採用するとか，などである。しかもこれらの場合，経営者から腐敗とみなされない。研究者たちはまた，企業の事務所

を個人目的のために貸与するとか,特定の重役に特別に高い報酬を払うとか,就職や昇進のために金銭や物品の贈与をするとか,といった汚職行為が,現在のロシアで蔓延り経済的にも重要性を増していると指摘している。そのうえさらに,今日では,単純な伝統的「黒い現金」ビジネスに代わって,長期的関係をとった先進的な汚職形態が主流になってきている。

4. 効果的腐敗対策の社会的・経済的要請

世論基金 (FOM) によれば,2011年時点でロシア人の大多数 (83%) はロシアの腐敗水準は劇的に高いと思っており,約半数 (49%) は腐敗がますます増えているとみており,3分の1はここ1年以内に賄賂を受けとる人の数も賄賂の規模も増大すると推測している。さらに76%の市民は,政府役人の公開所得申告額は事実とはかけ離れているとみており,それを信じる者は1%にすぎない。これはロシアにおいて腐敗に対する告発・評価・防止を求める社会的要請の規模の大きさを物語る。

2010年にレヴァダ・センター (Levada Centre) が行った調査でも,同様な結論が引き出されている。それによれば,回答者の60%が政府最上層部における賄賂の増大をみとめており,ロシア人の大多数 (72%) の場合,汚職役人に対する法的訴訟が関心を呼ぶのは処罰についてではなく,政府内のポスト争いに関してだけだとみている。レヴェダ・センター所長のグトコフ (Gudkov) によれば,腐敗は「権力の垂直構造」と政府官僚の小集団の掌中に資源が集中していることの必然的帰結である。そして過去数年間に行われた数多くの調査研究は,おしなべて,腐敗の範囲と規模は権力と経営の集権化の度合いと直線的

に比例して増大すると，証拠立てている (Aklyarinskaya & Ilyichev 2011)。

　国際企業や外国投資家のロシアにおける活動の障壁となっている腐敗は，ロシアでビジネスをする大多数の外国経営者が指摘し語っている。この事実はまた，企業統治国家委員会と露英商工会議所が2010年に合同で行った調査でも確証されている。この調査は，欧米企業とロシア企業とで公開性，誠実性，透明性の点で驚くほどの違いがあることを示した。たとえば，回答者のひとりは次のように指摘している。「ロシアの大企業経営は権力と政治的コネと贈収賄に基礎を置いている。ビジネス倫理はそれが企業利益の増進に役立つ限りでのみ現れ，その線を超えては存在しない」と。専門家はまた，ビジネスに関する「不明瞭な目的と動機」で動く国家・政府役人の巨大な影響力を指摘し，当局（とくに納税監査と許認可関連）の影響力が劇的に増していると強調しており，お役所的な形式主義と高頻度の腐敗が企業人の最大の不満の種となっていると述べている。さらに外国人回答者は，企業にとっての現代ロシアの法律的・制度的な仕組と環境は二流の水準にあると評価しており，10点満点で3点しか与えていない。専門家のひとりはこの点に関して次のように述べている。「秘密崇拝はロシアのビジネス文化に強く表れており，それは偏執狂の域に達している。しかしそれがいかに生じるのかははっきりしている。つまり政府に対する怖れ，競争に対する怖れ，法律的制度的システムの脆弱さ，制度的権利の不確かさである。このすべてがこの国の建設的なビジネス行動を阻害している。」

　外国の投資筋がロシア企業の信用度に関して必要な最も重要な要素としてあげているのは，透明度（10点満点で平均9点），

所有権の信頼性(8.3点)，企業統治とビジネス倫理の質(8.1点)，安定的な制度的環境(7.9点)である。これらの要素は国際ビジネスでの信頼の構築にとってだけでなく，腐敗の防止にとっても不可欠である(NSKU & RBCC 2010)。

文献

Aklyarinskaya, N. & G. Ilyichev, 2011, "To milk from morning till evening", *The New Times,* No.5 (190), Feb. 14.

Barsukova S. Y., 2008, "Corruption: scientific debates and the Russian reality", *Social Sciences and Present Times,* No.5.

"Bribes amount decreases, bribes volume increases", June 14, 2011. http: //www.rian.ru/analytics/20110614/388416099.html

"Corruption's influence on the economic growth", - www.econ.msu.ru/cmt2/lib/c/520/file/impact_of_corruption_on%2

Gorshkov, M. K., R. Krumma & N. E. Tikhonova (eds.), 2010, *Is the Russian society prepared for the modernization?* «The whole world» publishing.

Levin, M. & G. Satarov. 2012, "Corruption in Russia: classification and dynamics", *Issues of Economics,* No.10.

Ledeneva, A. & S. Shekshnya, 2011, "Business in Russia: informal practices and anti-corruption strategies", *Russie.Nei.Visions,* No.58, March, IFRI Centre Russia/NNG.

Radaev, V. V., 2005, *Economic Sociology: Higher School of Economics Textbook,* Moscow: GU VSE.

Satarov G. & K. Golovschinskiy, 2004, "Corruption and efficiency. How it works", May 18 (http: //www.gazeta.ru/comments/tendency/109386.shtml).

NSKU & RBCC, 2010, *Modern corporate governance in Russia in a view of the foreign businessmen and experts. Result of a joint study by NSKU and the Russian-British Chamber of Commerce.* Moscow: NSKU & RBCC.

Roger, J. D. & O. Ikeno (eds.), 2006, *Japan. How to Understand It: Essays on the contemporary Japanese culture,* Astrel.
www.transparency.org

"Innovators and a cut", http: //www.rosbalt.ru/business/2011/07/22/ 871814.html

X 信頼研究と新しい社会パラダイム
現代ロシアの視点から

ニコライ・ドリャフロフ
サヤナ・ミトゥポヴァ
ヴィクトル・ポポフ

1. 研究の課題

　信頼の問題は，ロシアの学界において，理論的にも実践的にも非常に緊要な研究課題となっている。だがロシアでも欧米でも，その理論的問題は社会学や哲学の中で適切に分析されてはおらず，そのため「信頼」概念を社会的実践に活用できないでいる。ラカトス (Lacatos) が指摘しているように，現代欧米社会で起こっている危機は，その発展の「建設的な解決策」を使い切ってしまっていることにある。つまり，社会動態の諸可能性を把握すること，その科学的・哲学的プログラム，着実な社会発展，社会的生活手段の創造，社会自体による危機克服メカニズムの形成，社会システムと人間関係における信頼水準の向上，といった「建設的な解決策」が消耗し尽くされてきている。だが「建設的な解決策」，すなわち何が創造されるべきかの総合理解が，社会的信頼の水準を向上させることになるのだ。

　ロシア社会の問題は，後退的な社会的，経済的，政治的趨勢を背景とした社会的信頼体系の衰微と「建設的な解決策」の欠

如にあり、それゆえ今必要なのは、この国の社会的、政治的、経済的改革の諸過程における信頼形成に向けた、根底的な研究の方法を打ち立てることにある。

「建設的な解決策」の基本要素としての信頼の問題は、社会動態のありかたと連結している。この点の研究が進めば「建設的な解決策」の新水準を生みだすことができるが、これに関心を払わないでいると社会は孤立した社会集団や個人に分解してしまい、社会発展における退化要因というべき社会解体が進む。このような社会的混沌状況において、政府は上からの資源配分を通して受動的な信頼体系を作り、個人をその統制下に置く。政府は、信頼を社会的脈絡ではなく政治的脈絡で用いて、自らの権力を正当化し、個人を上からの資源受給に依存させる。あえて言えば、集団間、個人間の分断は、政府によってしか規制できないような対立と葛藤（リスク）を生活に持ち込むために、制度化を通して人為的に作り出されるのだ。事実、この状況は、個人の発達が抑えられた、社会の危機を特徴づける。われわれは、依存的人間は信頼の正当な理解をなしえないことを知っている。したがってわれわれは、信頼の研究は個人が国家に強く依存している社会では正確になしえないと考えている。

2. 信頼と社会

政府がまず解決を目指すのは、国内の社会リスクではなくて外部のそれである。というのは、外部リスクの規制は社会内の信頼を統一し強化するからである。一方、内部的な個人的リスクの規制は社会を引き裂いて無定型にしてしまう。そこでは社

会は細分化され，社会的信頼は弱められ，その結果リスクは蓄積され，政府に対する個人の依存はますます強まる。大多数の国はその発展の現段階において国家としての機能を果たしておらず，経済や産業における自国民の財産（それらの国は企業活動が基本的にアメリカ企業に従属するような「自由貿易」の経済政策を採用している）ばかりでなく，貨幣流通や文化活動も保護していない。建設的変動の低下は発展途上国における負の人口状態に見てとれる。そこでは人口増加が外国への移民流出で代償されている。そして大多数の国ぐにににおける社会的リスクは高水準にあり，それが信頼の低下を招いている。

　信頼が弱まると社会の分裂がいくつかの方向で起こる。すなわち，社会・対・経済（貧富間，企業間），社会・対・国家（権力との遠近），社会・対・イデオロギー（依存のイデオロギー），社会・対・文化（大衆文化），社会・対・哲学（人類にとっての共通関心が社会に受容されないことからくる疎外，国家的関心に敵対しない関心のみの選択可能性），などである。同時にまた，当該社会が受け入れていないような「もうひとつの」疎外文化（大衆文化），「もうひとつの」イデオロギー，「もうひとつの」経済を説く宣伝も存在する。多くの西側社会では，その国の利害関心とは反するが解決策としては有効な，「進歩的プログラム」の導入が試みられている。将来的には，まずは理論的に，のちには実践的に，「他者に対する信頼」，つまり「もうひとつの」他者信頼のありかたを追求せねばならない。

　同様に，フクヤマ（Fukuyama 2003, 2004）は信頼の問題を社会経済的問題として，そしてのちにはグローバルな社会政治的問題として提起している。「信頼」という標語は世界空間の経済的・政治的諸実体の融合の過程を意味するといってよい。した

がって，個々の国における信頼水準の低下と世界における社会的，政治的，宗教的，経済的，文化的不安定化は，諸々の国が単一複合体に統合されていく前段階に生起する，解体過程の不可避的な要素なのであり，その単一複合体においては個々の国の社会は変形され，経済は従属的となり，文化は画一化されることになる。

　社会的信頼への関心は，それが諸社会や諸集団の連帯，協働，相互理解にどれだけ影響するか，つまりそれが社会的，政治的，経済的分野で所与の集団の実効性をどれだけ高めるかという点からくる。諸集団への分断が起こるのは，集団間の制度的縄張り，社会や他集団とのコミュニケーションに対する人為的な制限，諸集団における新しいコミュニケーション文化，規則，規範の個々ばらばらな構築の結果である。この状況下では信頼は個々の集団内部，特定のビジネス・ネットワークに限定されたものとなる。信頼の単一システムは切れ切れの部分群に分割される。われわれが研究しているのはこれらの部分である。そしてわれわれはもう研究の初期段階で，社会集団内での連帯が強いほど信頼の水準は高いという推定の上に立っている。

　現代ロシアでは社会的信頼の問題は大きな意味を持っている。ビジネス・ネットワーク間では峻烈な競争と葛藤が行われ，かつては統一されていた社会がばらばらな諸組織に分断され，企業は外国のパートナーに強く従属しているからであり，その結果，経済がますます停滞しかねないからである。

　ロシア社会にとって信頼の問題が重要であるもうひとつの理由は，社会の安定を築く必要がある点にある。われわれは，ロシア的特殊性を踏まえた方法論と哲学に基づく「建設的な解決

策」を打ち出し，それによって社会を「前進的に」発展させる必要を考慮しなければならない。

3. 科学・パラダイム・社会

　信頼範疇の理論化は科学的に明確になっているわけではない。信頼の記述的特性を見直し，個々の社会制度や社会集団で当然視されているその範疇内容の慣行的使い方を超えた，共通の社会認識の概念を明確化しなければならない。

　社会認識の概念はさまざまな方面から提起されており，その説はそれぞれ，産業，教育機関，マスメディアを通して，提起者自身の社会的・知的指向および社会管理のモデルに沿った公共イデオロギーを構築する役割を演じている。その場合,「パラダイム」(クーン),「研究プログラム」(ラカトス),「自然秩序の理念」(トゥルミン),「科学のテーマ空間」(ヒルトン),「科学的伝統」(ローダン) 等々といった形で科学体系が提起されているが，それらは彼ら自身の理論と概念を現実社会に投影したナショナルな科学体系モデルにほかならない。彼らは社会の社会的，政治的，経済的構造を彼ら自身の社会パターンとイデオロギーに沿って秩序づけようとする。その結果，パラダイム提起者間の対立が社会に映し出され，パラダイムに対する信頼水準の低下がもたらされる。彼らはそれぞれ支持者を自分の周りに集めようとし，その結果社会を引き裂いてしまう。ある国で提起された科学パラダイムは，その国の社会の分裂や統合の基本原理といえる。したがってわれわれは，所与の社会の競争性，世論と公開性，行政管理機構の統合性の度合いを研究することによって，その社会における科学への信頼の水準を規定することがで

きる。

　科学に対する信頼は，とりわけ産業の発達を示す諸指標を通して間接的に識別することができる。なぜならその指標は，所与の科学理論が社会生活に適用されて日常の実用に役立っている度合いを示すからである。所与の国で生産規模が低下すれば，社会，政治，文化，経済，等々に適用されている科学とその理論にたいする信頼が低下する，ということになる。旧パラダイムの影響力（産業，サービス，教育などを通しての）の崩壊は，旧パラダイムが衰退し新パラダイムがまだ生まれていない「科学革命」の途上に，社会があることを特徴づける。この「革命」によって旧パラダイムの社会把握は危機に陥り，同じことが社会にも起こる。しかし，科学的合意，理論的信念，等々といった科学モデルの要素を伴った信頼研究は，これまでにほんのわずかしかなされていなかった。

　信頼は今日，社会学（合理的行為，コミュニケーションの質などとの絡みで），哲学（宗教的，道徳的概念として），心理学（動機，社会的感情などの文脈で），経済学（経済行動，消費者の信頼との関連で），カルチャー・スタディ（文化の状態として），政治学（権力の正当性と関連して）等々，多くの学問分野で研究されている。社会学における信頼研究の主題は，外部者に対する個人や社会の良好な態度を形成し，両者間で経験や知識や能力を分かちあい，信頼を主軸とした期待行動を誘発するメカニズムを探ることである。つまり，社会学では社会一般が研究対象であるから，われわれは信頼を，人びとの意見や目的や考え方や目標達成手段がばらばらでない，ひとつの統合された社会状態をもたらす一般的メカニズムとして分析することができる。信頼に関するこの方法論的観点は，現代科学においてこれまで見落と

されてきた点である。

　信頼は今日，2つの流れによって重大な問題に晒されているといわねばならない。ひとつはヨーロッパ諸国およびロシアにおける「国民国家」的特性の危機であり，もうひとつはグローバリゼーション，つまり経済，情報，政治面の統一化とエリートの相互混合の潮流である。前者においては国家権力に対する信頼の揺らぎという問題がある。これに関しては，ギリシャ，スペイン，フランス，ドイツ，イギリス，さらには「アラブの春」の北アフリカなど，近年におけるさまざまな国での社会運動の高揚が，この問題の現実的な証左である。後者は，グローバルな統一の牽引力，経済，金融，政治，その他諸方面での世界の要の地位，そしてそのリーダーシップの正当性を担う者としての，アメリカに対する信頼の問題である。

4．信頼と文化

　信頼の問題は諸外国でもロシアでもいくつかの世代にわたって研究されてきた。古典世代から現代世代へとその名をあげるならば，ジンメル，テンニース，デュルケーム，パーソンズ，ブラウ，ギデンズ，ダーレンドルフ，コールマン，ルーマン，セリグマン，グハ＝ハズノビス，シュトムプカ，フクヤマ，カンブル，ヤマギシ，オストロム，ナイト，グランノヴェッター，ブヒェネン，ウィリアムソン，ロシアではバルシュコフ，ヴェセロフ，ザスラフスカヤ，キルディン，クージン，ラダイエフ，リフキナ，クプレイチェンコ，アントネンコ等々がいる。

　これまでに行われた信頼研究の主な流れは，社会，集団，

パーソナリティの展開と紛争処理の条件に焦点を置いてきたが，最近の信頼研究で最も包括的で重要なもののひとつは，アメリカ社会学の信頼研究の枠組と方法を土台として佐々木正道が主幹したプロジェクトである。彼はその編著書『信頼の国際比較研究』において，信頼に関する自らの理論的研究と経験的調査の諸結果をまとめている。そこから彼は，現代社会学の一般的方法で信頼を研究するには無理があるという結論を導き出している。彼によれば，信頼研究において重要なのは，それぞれの国の社会と社会集団が持つ，民族的，歴史的，思想的特殊性を考慮に入れることである。

佐々木は社会における信頼水準の低下理由をいくつかあげている。そのうちのひとつは消費社会の発展と社会諸集団のフォーマル化であり，それが社会を極小部分に分割し，集団間の意思疎通を阻害しているという。佐々木によれば，信頼研究の重点は，社会システムの統合における信頼の機能を追究することにある（Sasaki & Marsh 2012: 331）。そしてさらに，信頼のもうひとつの重要な機能は，経済，科学，政治，哲学，社会，人間関係，等々，社会生活のあらゆる分野における「社会的交換」の正常化にあるという。また，欧米研究者の見地をふまえて，信頼の機能は社会システムの錯綜性の減少，リスク（トランザクション費用）の低下にあるとしている（Sasaki & Marsh 2012: 331）。

佐々木は信頼の問題を社会の土台として提起している。この見地に立てば，社会の土台は社会学理論が前提視してきたような社会組織や社会制度ではなく，社会におけるコミュニケーション関係（個人間，集団間，個人・集団間）の質を性格づける社会的・道徳的特質なのだ，ということになる。そうだとすれ

X 信頼研究と新しい社会パラダイム

ば,国民の大多数が国家給付に頼って生活している社会では信頼の水準が高いなどとは,必ずしも言えない。なぜなら,給付への依存は信頼の購入にすぎないからである。この種の社会で政府に対する信頼が高いのは,政府への依存が大きいからであって,個人の自由意志によるものではない。そうだとすると,信頼水準は豊かで民主的な国ぐにの方が,貧しく非民主的な国ぐによりも高いという,貧富の差,民主化の差から信頼水準の高低を説く欧米理論の命題の再検討も必要となる (Sasaki & Marsh 2012: 333)。

佐々木自身も認めているように,信頼研究において文化論的見地を社会学的概念の基礎に据えることはできない。信頼は社会発展を基礎づけるのに対して,文化は社会から派生するものだからである。つまり信頼は文化に先行している。しかし,文化論的観点をとると,各社会にはそれぞれ独自の信頼因子があることが見えてくる。この事実は佐々木のパイロット調査で見出されている。この多様性は,何をもって信頼とするかという点での当該社会の利害関心構造から派生している。

文化論的信頼概念に対するもうひとつの議論は,文化は制度化という角度からみれば,社会行動の規則と規範,社会的価値とそのパターンの1セットだという点にある。また,文化論的概念では,コミュニケーションの社会的精神的土台(信頼,「懐疑的態度」(Merton 2006) 等々)が異なっていると,研究事例の代表性を確定できないという点も問題である。

佐々木は社会を「個人主義的文化と集団主義的文化」の2類型に分け,この両者の差異が社会的信頼の水準の高低に影響していることを証明した (Sasaki & Marsh 2012: 334)。この点はロシアにおける社会学理論の発展にとって非常に意義深い。社会構

造の理論的記述が不適切であったり，研究方法が不正確であったりすると，所与の社会の社会発展の特殊性の研究に誤った結果がもたらされよう。佐々木は社会的信頼研究の前提として，まず，当該社会の社会統合度とそれの信頼および社会動態への影響という点から，諸社会を分類することの必要性を主張している。こうして諸社会の特殊性を踏まえることによって，信頼と社会類型の関係を明らかにすることができる。この点はまず，佐々木の主幹によって実施された国際比較調査研究で証明された（Sasaki & Marsh 2012: 334）。

5. 信頼研究の5つの流れ

われわれが見るところ，現代における信頼研究は次のような流れに分かれている。
(1) 科学や教育における信頼
(2) 諸利害関心の構造における信頼の必要性
(3) 安定社会の形成メカニズムとしての信頼
(4) 国家・行政管理システムの構築と信頼
(5) 経済における信頼

以上の流れのそれぞれについて，詳しく論じるとしよう。

(1)科学に対する信頼は，現代社会の知的活動の発展にとって非常に重要である。それは新知識を生みだし，探究作業を遂行し，科学の体系を形づくり，さらには社会的政治的秩序を打ち立てるのを可能とする，連結細胞とみなされる。科学は社会と接すると，思考様式，道徳価値，活動原理，知識など，社会の諸側面に伝播し，社会生活と自然の営みの包括的理解を新たな水準へと導くことができる。高水準の信頼を伴った社会と科学

との交流が行われることによって，科学的知識と発見を基に社会の文化は変革される。ロシアやヨーロッパ諸国における現代の社会的政治的危機との関連で，科学に対する信頼の意味と在りかたを追究する研究は，いまだ不十分にしかなされていないといえる。科学に対する信頼は，社会生活の脈絡で科学研究の諸結果を社会がどの程度受容するかという点に関わっている。

(2)人びとを集団へと結びつける主要な理由は利害関心にあり，価値や文化は集団を強固にし構造化するうえで必要な要因ではあっても，集団そのものを形成するわけではない。したがって，社会発展のあらゆる可能なモデルを追究するには，当該社会の特有な利害関心の構造とそれに対応した信頼システムとからのアプローチが必要となる。焦点は利益を入手する可能性にあり，その利益を入手できる機会に対する信頼が主要な点となる。現代社会では利害関心が民族的，文化的，政治的，経済的，世代的，職業的，階層的，等々によって分化しており，個人は自らの利害関心の追求に向けて多様な集団を形成し，それに帰属する。そしてその集団に利害関心実現の可能性がどれだけあるかによって，信頼の水準が規定される。今後の研究においては，現代ロシア社会における利害関心構造の解明とともに，利益の獲得と実現において信頼がどの程度作用するのかを明示していく必要がある。人びとの経済活動への関与の低さを条件づけているのは，経済成果の入手の可能性に対する信頼の低さと，全体社会とその文化（金銭文化）の作動メカニズムにおける「信頼」そのものの欠如だといえる。経済活動と経済行為者に対する信頼度の低さは，その国の経済発展の水準を低める。

(3)安定社会の形成メカニズムとしての信頼の如何は，現在ロシアにおいて特に重要な問題である。ロシアの社会学者達は，

政府が実施した欧米標準の改革が，社会的，政治的および経済的信頼の低下をもたらしたと指摘している。信頼の観点からペレストロイカ（1986年）とその他の諸改革に始まるロシアの展開を分析するならば，導入され実施された万事が信頼体系の弱体化に向けられたと見てよい。ペレストロイカ，国家緊急委員会，ソヴィエト連邦の崩壊，イデオロギー体系の亀裂，私有化，ロシア連邦最高法廷の瓦解，インフレ，債務不履行，学問の威信と学術成果の意義の無視，コーカサスでの内乱，教育改革，科学政策改革，これらすべての過程は社会における信頼の弱化，社会的，政治的，行政的，学術的，その他さまざまな面での意思疎通の質的低下へと至った。こうした現実の過程を背景として，信頼は安定社会の建設のための研究の最優先分野とならねばならない。ロシア社会における社会的信頼の特徴は，社会や集団における伝統的な社会的行動様式の遵守という点にある。しかし，信頼は他者が用意してくれる行動を受動的に待つことで形成されるのではなく，信頼者と被信頼者のそれぞれが能動的な社会的立脚点に拠って成り立つべきものである。社会的脈絡においては，信頼は科学的，哲学的，社会—文化的諸要素を包括したひとつのシステムの形成を可能とし，科学，文化，教育，伝統，法体系，政治など，社会的活動の諸分野に影響を及ぼす。この見地から，信頼は道徳的，思想的，文化的指標として特徴づけられ，社会活動のあらゆる分野における個人と社会の開放性と確実性の水準を規定する。したがって信頼は社会的意思疎通の安定性の属性として捉えられる。それに対応して，社会は，伝統，規則，規範を土台として社会的空間において営まれる，個人と集団との間の意思疎通システムということができる。

X 信頼研究と新しい社会パラダイム

(4)信頼研究は社会を，あらゆる内外の変化に自ずと反応して展開する一個のシステムとして追究する。この点で，信頼は，社会において相互理解と調和，そして結果的に個人間，集団間の効果的な相互作用をもたらす，社会的意思疎通構築の前提条件だということができる。信頼体系とそれを土台とした価値体系から，当該社会を管理運営し問題処理をなしうる政治体系や，経済体系，社会階層体系，人的資源の垂直的・水平的移動のメカニズムなどが形成されてくる。政府は社会的信頼を得ているかどうかで，社会，経済，その他の分野で改革の支持が得られるかどうかが決まる。

信頼はひとつの社会資源だということができる。なぜならそれは，個人ないし集団による問題解決のための社会的意思疎通をはじめとした，肯定的な相互関係の経験を集約しているからである。このように解釈すると，信頼は社会，文化，科学，経済，等々の発展にとっての条件であるとみることができる。信頼が強固であれば，それだけ経済，政治，社会の諸分野における当事者の目標は分散的でなくなる。競争的個人主義的社会では経済が目標となるが，これに対して集合主義的社会では道徳的内容をもった多数の目標で特徴づけられ，そこでは政府や他の権威機関が分配的役割を演ずる。しかし社会がそれぞれ経済的目標を持って競合する諸集団に分化すると，社会の内部に強固な対立と分裂がもたらされる。これは現代ロシアに特徴的である。この状況下では政治的，法的，行政的機制は信頼体系を裂き砕いて，社会を分裂させるメカニズムとなる。それは今日，明白な事実である。われわれは社会の中で「調和」を達成し，その土台の上に信頼体系を形成し，社会とその構成部分を構造化し統合化しなければならない。社会的信頼は，実際に，

社会の社会経済的発展を増大させるのに好ましい,社会・行政的風土の実現へと向けられねばならない。信頼は諸集団の社会構造への統合を示す指標として,また政府による諸改革の社会による受容をもたらす要因として,ロシア世論調査センター,国勢調査,その他の世論調査機関の調査結果から追究することができる。それらの調査結果は信頼の水準だけでなく,それと相関する政治的諸決定の正当性と実効性の水準をも示している。そして大多数の調査者は社会的信頼水準の一貫した低下傾向を指摘している。

(5)経済における信頼の問題は,ゲーム・ルール論,経済行動論,マーケティング論など,主として経済理論の枠内で研究されている。その研究は企業経営や経済行動の文脈で行われているが,金融システムに関する信頼については事実上,注意が払われていない。米ドルに関連した世論調査でもそうである。アメリカ国債は貧困層救済のために25億ドル増加したが,その際アメリカ連邦準備銀行は国債の保有分を売り渡して25億ドルを稼いだといった事実などがあるのに,である。

経済における信頼の研究は,「ゲームのルール」,トランザクション費用(信頼は成果の形成と普及にかかる費用を低減させる),社会資本,「信頼圏」(Fukuyama 2003: 31)(外部環境に対する信頼イメージはその地域での経済政策の実効性を規定する。良好な環境の範囲内にある地域が「信頼圏」とされる)といった制度概念の枠内で行われているが,有意義なのは経済関係における信頼要素の分析である。信頼は「政府の規制を超えた社会資本」として理解されている。これは「政府によって規制される社会資本」というものとは別物とされている(Guha-Khasnobis et.al 2006: 90)。しかし信頼を「資本」として捉えるのは好ましくない。資本が関

係するのは信頼ではなくて保証である。信頼を購入することはできない。また，保証の「購入」は経済的行為者の行動ルールの一要素として理解されるべきであり，それは法律的な問題であって，社会学的な問題ではない。経済的行為者は社会的行為者や政治的行為者に補完される。それによって人間活動のさまざまな分野に属する行為者たちの経済的利害関心が混ざり合い，それを主として対外的に実現しようとする指向性をもったひとつのシステムへと結集する。それは物質的利益の実現を目指して対外的な攻撃的経済拡張へと向かう。なぜならそれを対内的に行おうとすれば内部的な対立と社会政治的葛藤がもたらされるからである。この葛藤の解決は，それを生みだした社会の外側，たとえばアメリカの場合ならその国外でなされる。社会が諸集団に分断されている場合には，集団間に強硬な競争関係が展開する。この競争は熾烈な葛藤へと至る。信頼を経済面から問題にするのはアメリカ文化の特徴であって，そこには混合文化的性質はない。しかもそれは世界共同体にとって否定的傾向を持っているが，現代科学においてはそれの分析は実際上見当たらない。アメリカ流の強硬な自由主義的経済政策は，ヨーロッパ諸国で社会紛争と政治対立を伴った社会経済的危機をもたらしている。

　経済研究の分野では，経済的に好ましい情報を受信者がどう受け止めるかが重要問題である。ここでは，情報源（それは必ずしも第一情報源である必要はなく，仲介者による情報でもよく，したがって元々の情報と違ったものになっていてもよい）と受信者との間の信頼が主な焦点となる。このような研究の成果は，広告やネット市場で応用されている。こうして，情報が信頼を操作するということになる。また，信頼問題を扱う多くの研究者は

信頼を「他の人間に対する指向性」という点から論じ始める。しかし信頼は能力とか活動とか，当該人間自体の特性と絡めて追究されねばならない。信頼は質的に道徳的な属性であって，信頼の水準は，その人間が自らの目標追求において集団の規則に従うことができるかどうか，またそうしようという構えがどれだけあるかに対応する。

6. 能動的信頼と受動的信頼：結びに代えて

　以上で述べた信頼研究の5つの点は，問題の最終的な分類をしたものではない。それらはそれぞれ詳細な概念，たとえば「不信」(untrust)，「懐疑」(scepticism)，「確信」(confidence)，等々といった概念をさらに必要とする。

　社会規制メカニズムとしての「信頼」は，一定の伝統と文化と様式を備えた永続的で能動的な社会的営為であって，人工的に造られた社会生活要素ではない。社会道徳過程としての信頼は，その哲学的，宗教的，道徳的，イデオロギー的性質からいって，他の社会的諸要素とは異なっている。信頼研究はこれらを考慮に入れてなされねばならない。

　これまでの分析をふまえて，信頼を「受動的」性質のものと「能動的」性質のものとに区別すると，表1のようになる。この表では，信頼が主体的・能動的行為なのか，それとも政府が客観的現実を作り出すのを待っている受動的な行為なのかを，示している。

　社会的空間における信頼は，個人的信頼と社会的信頼という，2つの次元で見ることができる。社会的信頼はさらに集団の次元と社会全体の次元とに分けられる。個人が信頼メカニズ

X 信頼研究と新しい社会パラダイム

表1 主体的立場の強弱による信頼のシステム

信頼	能動的（強力な）信頼	受動的（脆弱な）信頼
個人レベル	個人レベルの信頼は社会的に有意な行動モデルを土台として個人間で営まれる相互作用であり，社会生活の能動的メカニズムである。	自分自身と関わりのある特定の行為を期待するメカニズム。
集団レベル	集団レベルの信頼は共通の知識と行動様式を土台として，肯定的成果の実現に適した解決を追求するメカニズムである。	集団が課題解決の文化や方法の許容された様式を土台として人為的に作られる。
社会レベル	社会メカニズムとしての信頼は共通した文化，言語，思想，社会的定型的行動を媒介として，肯定的解決を追求るメカニズムである。	社会は信頼の水準や政府が示す方向付けを異にする多数の社会システムから成る。ある機関で信頼水準が低まれば，外部から持ちこまれる良好な結果によって別な機関での信頼水準が高まるという，信頼の補償関係が見られる。

表2 強力な信頼と脆弱な信頼の特徴点

信頼の対極的特徴点	高度な生活認知，肯定的成果の追求，主体的能動的活動	低度な生活認知，他者による肯定的成果追求への依存，受動的期待
強力な信頼	X	
脆弱な信頼		X

ムを実現するにあたって強い立場にいれば，その個人は自力で独立的に問題の解決に当たることができる。しかし弱い立場にいると，個人は「他者」による問題解決に依存せざるをえず，所与の状況の中で「他者」を信頼しなければならない。もし強い立場がその人の能力と環境に対する信頼から生じているものであれば，肯定的問題解決は信頼によって迅速に転送され実現される。弱い立場のばあいには，信頼はそもそも悲惨なものであって，実際それは多かれ少なかれ不信や懐疑であり，問題解決の執行はいつも監視され統制される。

表2に挙げた能動的信頼と受動的信頼の諸特徴は条件付きのものであり，さらなる探求と分析を必要とするが，挙げられた諸特徴は現代社会学における受動的（脆弱な）信頼研究の傾向

をそのまま映し出しており、そこでは所与の社会諸現象の肯定的側面が無視されている。

われわれの仮説によれば、個人的信頼が成り立つためには当事者が創造的で教養のある知性的な人物であることが必要であり、他方、信頼が脆弱だと他者（政府）の行動への個人の依存が生み出される。

われわれの意見では、政府に依存する集団（給付手当、給料、契約などで）における信頼の研究方法と、その庇護によらない自由で独立した集団におけるそれとを、区別すべきである。それによって、「依存的集団」から「そうでない集団」への変革指向が、所与の社会で受容されている伝統的信頼システムを、困難とはいえ、なにか他のものへと転換させることができると考えるからである。

表3　社会学的信頼研究の順序

信頼研究の順序	方法論的に正しい順序	方法論的に誤った順序
1	社会	個人
2	集団	集団
3	個人	社会

社会次元における信頼メカニズムは個人次元の信頼システムと比べてより強力であり、より重要である。社会次元の信頼は個人の人格が実現される空間であり、したがって順序としてはまず社会次元の信頼を研究し、それから個人次元の信頼を扱うことが必要である。もしまず個人次元の信頼の研究から始めるとしたら、次の問いに答えなければならない。個人の人格を実現するのに好ましい環境は誰が作り出すのか。社会や政府ではないか。もしそれが政府だとすれば（たとえば給付手当制度）、まずは社会次元の信頼を問うのが当然であり、かりに個人主義

X　信頼研究と新しい社会パラダイム

的文化の社会であったとしても，ばらばらな諸個人の見地から出発するのは無意味である。後者の場合には社会次元の「信頼」研究において社会学的研究方針がない。

　社会発展にとってのその重要な意義にもかかわらず，「信頼」は現代科学において十分に研究されてはこなかった。われわれの予備的考察は，「信頼」はさまざまな社会システム，社会的，国際的，宗教宗派間のコミュニケーションの発展の土台であることを指し示した。利害関心追求の問題の前向きな解決を通して，慣行に沿って社会発展をバランスよく方向づけるというメカニズムを，信頼は持っている。

文献

Масамити Сасаки (редактор), Роберт M. Marsh (редактор)Alekseeva, 2008, «Uverennost', oboshchennoe doverie i mezhlichnostnoe dverie: kriterii razlicheniya», *Sotsial'naya real'nost',* No. 7. Pp. 85-98.

Arzakanya, Ts. G. & V. G. Gorokhov, A., 1989, *Filosofiya tekhniki v FRG,* Moscow: Progress.（ロシア語版）

Fukuyama, F., 2003, *Velikii razryv,* Moscow: OOO «Izdatelstvo ACT».

Fukuyama, F., 2004, Doverie: sotsial'nye dobrodeteli i put' k protsvetaniyu, Moscow: OOO «Izdatel'stvo ACT»: ZAO NPP «Ермак».（ロシア語版）

Guha-Khasnobis, B., R. Kanbur & E. Ostrom (eds.), 2006, *Linking the Formal and Informal Economy: Concepts and Policies,* Oxford: Oxford University Press.

Kupreychenko, A. B., 2008, *Psikhologia doveriya i nedoveria,* Moskow: Institut psikhologii PAN.

Laudan, L., // http://www.fidel-kastro.ru/filosofy/science_f/laudan.htm
Logika i metodologiya nauki. Struktura i pazbitie nauki. Sbornik iz Bostonskikh issledovanii po filosofii nauki, Moscow: PROGRESS, 1978.（英語から翻訳）

Maktyuen, G. M., 2003, *Ponimanie Media: Vneshnie rasshirenia cheloveka,* Kuchkovo pole: KANON-press-Tse.

Maktyuen, M. & G. G. Gutenberga, 2004, *Sotvorenie cheloveka pechatnoi kul'tury,* Kiev: Nika-Tsentr.

Merton, R., 2006, *Sotsial'naya teoriya i social'naya struktura,* Moscow: Khranitel. (ロシア語版)

Popper, K., 1983, *Izbrannye raboty,* Moscow: PROGRESS. (ロシア語版)

Rezul'taty oprosov obshchestvennogo mneniya: July-August 2010.//VTSIOM Monitoring obshchestvennogo mnenia: Ekonomicheskie i sotsial'nye peremeny. 4 [98] July-August 2010.

Sasaki, M. & R. M. Marsh (eds.), 2012, *Trust: Comparative Perspectives,* Boston: Brill.

Seligman, A., 2002, *Problema doveria,* Moscow: Ideya-Press. (ロシア語版)

Simmel, G., 1996, *Filosofia kultury,* Izbrannoe Vol. 1, Moscow. (ロシア語版)

Tönnies, F., 2002, *Obshchnost' i obshchestvo,* Sankt Peterburg: BLADIMIR DAL. (ロシア語版)

Uilryamson, O., 1993, Povedencheskie predposylki sovremennogo ekonomicheskogo analiza, *THESIS,* Vol. 1., No. 3.

ロシア社会の信頼感
〽〽〽〽〽〽〽〽〽〽〽〽〽〽〽〽〽〽〽〽〽〽〽〽〽〽〽〽〽〽〽〽〽〽〽〽〽〽〽
しゃかい　しんらいかん

発　行 ──── 2017年7月30日　第1刷発行
定　価 ──── 定価はカバーに表示
© 編 者 ── 石川晃弘
　　　　 ── 佐々木正道
　　　　 ── ニコライ・ドリャフロフ
　 発行者 ── 小林達也
　 発行所 ── ハーベスト社
　　　　　　〒188-0013　東京都西東京市向台町2-11-5
　　　　　　電話　042-467-6441
　　　　　　振替　00170-6-68127
　　　　　　http://www.harvest-sha.co.jp
印刷・製本　㈱平河工業社
落丁・乱丁本はお取りかえいたします。
Printed in Japan
ISBN4-86339-091-1 C3036
© ISHIKAWA Akihiro, SASAKI Masamichi and Nikolay I. Dryakhlov, 2017

本書の内容を無断で複写・複製・転訳載することは、著作者および出版者の権利を侵害することがございます。その場合には、あらかじめ小社に許諾を求めてください。
視覚障害などで活字のまま本書を活用できない人のために、非営利の場合にのみ「録音図書」「点字図書」「拡大複写」などの製作を認めます。その場合には、小社までご連絡ください。

ワークプレイス・スタディーズ
はたらくことのエスノメソドロジー
水川喜文・秋谷直矩・五十嵐素子編　本体 2800 円

シゴトの現場で何が起こっているのか。寿司屋のカウンター、ガンの相談電話、緩和ケアの痛みの共有、航空管制のリスク管理、リフォームの現場、ICT機器の利用現場、ビジネスミーティング…。共同作業とコミュニケーションの中で実践される活動を丹念に描く。

失われるシクロの下で
ベトナムの社会と歴史　橋本和孝著　本体 2800 円

ますます注目される親日の国ベトナム。19年におよぶ現地調査に基づく渾身の研究成果である。日本の社会学者による日本語でのわが国で最初のまとまったベトナムの社会と歴史に関する研究。公共性、社会階層分析、貧困・都市分析、歴史社会学的研究、いずれもユニークな成果となっている。

知のフロンティア　　　　　知のアートシリーズ4
生存をめぐる研究の現場
立命館大学生存学研究センター監修　渡辺克典編
本体価格 1000 円

本書は，立命館大学生存学研究センターのウェブサイトに掲載されている「研究の現場」を再構成して編んだものである。生存学は多様な分野をふくんでいるため，本書では多様な「障老病異」をめぐる研究課題について，〈病い〉〈関係〉や〈仕組み〉といった視点，あるいは国際的な研究や，特定の領域にとどまらない〈際（きわ）〉といったテーマ群に分けている。

まったく新しい働き方の実践
「ＩＴ前提経営」による「地方創生」
高柳寛樹著　本体 1200 円

「社員がどこにいるかわからないのです」。ＩＴ企業を経営する情報社会学者が「脱・時間」「脱・場所」という新しい働き方の実践の一部始終を全公開。

ハーベスト社

現代地方都市の構造再編と住民生活
広島県呉市と庄原市を事例として
西村雄郎・田中里美・杉本久未子編　本体2800円

人口減少・高齢化そしてグローバル化のなかで地方都市はどこへ向かうのか。本書は、戦前からの重工業都市である広島県呉市と農業都市である庄原市をとりあげ、現代地方都市が抱える困難を示すとともに、新たな地域づくりの方向性を検討する。

記憶と感情のエスノグラフィー
認知症とコルサコフ症候群のフィールドワークから
佐川佳南枝著　本体2600円

本書はある認知症デイケアでのフィールドワークで得られた観察、インタビューをもとにしたエスノグラフィーである。本書では、認知症高齢者の強さに着目している。つまり記憶を失い自己が曖昧化していくことに抗して自己をなんとか持ち続けようとし、他者との関係性をつないでいこうとする力に焦点を当てる。

街からの伝言板
次の地震に遭う人に、どんな伝言を残しますか
街からの伝言板プロジェクト編　本体1600円

2011年3月11日の東日本大震災のとき、仙台市の中心街に居合わせた人たちから、次の災害のときに同じ場所に居合わせた人へ宛てられた伝言。

変容する国際移住のリアリティ
「編入モード」の社会学
渡戸一郎編集代表
塩原良和・長谷部美佳・明石純一・宣元錫編著　本体3400円

　本書は、ポルテスたちが米国で1990年代に提起した移民の「編入モード（mode of incorporation）」の枠組みを用いて、東アジアにおける変容する国際移住の流れのうち、日本・韓国・台湾への越境移動の諸側面を位置づけあるいは解釈するとともに、それらの点に関連させて各国の移民政策の現状を問い直すことを目的としている。

ハーベスト社